U0033703

吳忠信日記

（1956）

The Diaries of Wu Chung-hsin, 1956

民國日記 ｜ 總序

呂芳上
民國歷史文化學社社長

　　人是歷史的主體，人性是歷史的內涵。「人事有代謝，往來成古今」（孟浩然），瞭解活生生的「人」，才較能掌握歷史的真相；愈是貼近「人性」的思考，才愈能體會歷史的本質。近代歷史的特色之一是資料閎富而駁雜，由當事人主導、製作而形成的資料，以自傳、回憶錄、口述訪問、函札及日記最為重要，其中日記的完成最即時，描述較能顯現內在的幽微，最受史家重視。

　　日記本是個人記述每天所見聞、所感思、所作為有選擇的紀錄，雖不必能反映史事整體或各個部分的所有細節，但可以掌握史實發展的一定脈絡。尤其個人日記一方面透露個人單獨親歷之事，補足歷史原貌的闕漏；一方面個人隨時勢變化呈現出不同的心路歷程，對同一史事發為不同的看法和感受，往往會豐富了歷史內容。

　　中國從宋代以後，開始有更多的讀書人有寫日記的習慣，到近代更是蔚然成風，於是利用日記史料作歷

史研究成了近代史學的一大特色。本來不同的史料，各有不同的性質，日記記述形式不一，有的像流水帳，有的生動引人。日記的共同主要特質是自我（self）與私密（privacy），史家是史事的「局外人」，不只注意史實的追尋，更有興趣暸解歷史如何被體驗和講述，這時對「局內人」所思、所行的掌握和體會，日記便成了十分關鍵的材料。傾聽歷史的聲音，重要的是能聽到「原音」，而非「變音」，日記應屬原音，故價值高。1970年代，在後現代理論影響下，檢驗史料的潛在偏見，成為時尚。論者以為即使親筆日記、函札，亦不必全屬真實。實者，日記記錄可能有偏差，一來自時代政治與社會的制約和氛圍，有清一代文網太密，使讀書人有口難言，或心中自我約束太過。顏李學派李塨死前日記每月後書寫「小心翼翼，俱以終始」八字，心所謂為危，這樣的日記記錄，難暢所欲言，可以想見。二來自人性的弱點，除了「記主」可能自我「美化拔高」之外，主觀、偏私、急功好利、現實等，有意無心的記述或失實、或迴避，例如「胡適日記」於關鍵時刻，不無避實就虛，語焉不詳之處；「閻錫山日記」滿口禮義道德，使用價值略幾近於零，難免令人失望。三來自旁人過度用心的整理、剪裁、甚至「消音」，如「陳誠日記」、「胡宗南日記」，均不免有斧鑿痕跡，不論立意多麼良善，都會是史學研究上難以彌補的損失。史料之於歷史研究，一如「盡信書不如無書」的話語，對證、勘比是個基本功。或謂使用材料多方查證，有如老吏斷獄、法官斷案，取證求其多，追根究柢求其細，庶幾還原

案貌,以證據下法理註腳,盡力讓歷史真相水落可石
出。是故不同史料對同一史事,記述會有異同,同者
互證,異者互勘,於是能逼近史實。而勘比、互證之
中,以日記比證日記,或以他人日記,證人物所思所
行,亦不失為一良法。

從日記的內容、特質看,研究日記的學者鄒振
環,曾將日記概分為記事備忘、工作、學術考據、宗教
人生、游歷探險、使行、志感抒情、文藝、戰難、科
學、家庭婦女、學生、囚亡、外人在華日記等十四種。
事實上,多半的日記是複合型的,柳貽徵說:「國史有
日歷,私家有日記,一也。日歷詳一國之事,舉其大而
略其細;日記則洪纖必包,無定格,而一身、一家、一
地、一國之真史具焉,讀之視日歷有味,且有補於史
學。」近代人物如胡適、吳宓、顧頡剛的大部頭日記,
大約可被歸為「學人日記」,余英時翻讀《顧頡剛日
記》後說,藉日記以窺測顧的內心世界,發現其事業
心竟在求知慾上,1930 年代後,顧更接近的是流轉於
學、政、商三界的「社會活動家」,在謹厚恂恂君子後
邊,還擁有激盪以至浪漫的情感世界。於是活生生多面
向的人,因此呈現出來,日記的作用可見。

晚清民國,相對於昔時,是日記留存、出版較多
的時期,這可能與識字率提升、媒體、出版事業發達相
關。過去日記的面世,撰著人多半是時代舞台上的要
角,他們的言行、舉動,動見觀瞻,當然不容小覷。
但,相對的芸芸眾生,識字或不識字的「小人物」們,
在正史中往往是無名英雄,甚至於是「失蹤者」,他們

如何參與近代國家的構建，如何共同締造新社會，不應
該被埋沒、被忽略。近代中國中西交會、內外戰事頻
仍，傳統走向現代，社會矛盾叢生，如何豐富歷史內
涵，需要傾聽社會各階層的「原聲」來補足，更寬闊的
歷史視野，需要眾人的紀錄來拓展。開放檔案，公布公
家、私人資料，這是近代史學界的迫切期待，也是「民
國歷史文化學社」大力倡議出版日記叢書的緣由。

導言

王文隆
南開大學歷史學院副教授

一、吳忠信生平

　　吳忠信（1884-1959），字禮卿，一字守堅，別號恕庵，安徽合肥人。1900 年八國聯軍攻陷北京，光緒帝與慈禧太后西逃，鑑於國難而前往江寧（南京）進入江南將弁學堂，時年僅十七。1905 年夏天畢業後，奉派前往鎮江辦理徵兵，旋受命為陸軍第九鎮第三十五標第三營管帶，開始行伍生涯。隔年經楊卓林介紹，秘密加入同盟會。1911 年武昌起義，全國響應。林述慶光復鎮江，自立為都督，任吳忠信為軍務部部長，後改委為江浙滬聯軍總司令部總執行法官兼兵站總監。

　　1912 年元旦，孫中山就任中華民國臨時大總統，奠都南京，吳忠信任首都警察總監。孫中山辭職後，吳忠信轉至上海《民立報》供職，二次革命討袁時復任首都警察總監，失敗後亡命日本，加入孫中山重建的中華革命黨。並於 1915 年，在陳其美（字英士）帶領下，與蔣中正同往上海法國租界參預討袁戎機，奠下與蔣中正的深厚情誼。1917 年，孫中山南下護法組織軍政府，吳忠信奉召前往擔任作戰科參謀，襄助作戰科主任蔣中正，兩人合作關係益臻緊密。爾後，吳忠信陸續擔任粵軍第二軍總指揮、桂林衛戍司令等職。1922 年，

吳忠信作為孫中山的全權代表之一員，與段祺瑞、張作霖共商三方合作事宜。同年 4 月前往上海時，因腸胃病發作，辭去軍職，卜居蘇州。爾後數年皆以身體不適為辭，在家休養，與好友羅良鑑（字偌子）等人研究諸子百家。

1926 年 7 月，蔣中正就任國民革命軍總司令，誓師北伐，同年 11 月克復南昌後，邀請吳忠信出任總司令部顧問，其後歷任江蘇省政府委員、淞滬警察廳廳長、建設委員會委員、河北編遣委員會主任委員等職。1929 年，因國家需要建設，前往歐美考察十個月。1931 年 2 月奉派為導淮委員會委員，同月監察院成立，又任監察委員。1932 年 3 月受任為安徽省政府主席，次年 5 月辭職獲准後，轉任軍事委員會南昌行營總參議。1935 年 4 月擔任貴州省政府主席，次年 4 月因胃腸病復發加以兩廣事變，呈請辭職，奉調為蒙藏委員會委員長。自此主掌邊政八年，期間曾親赴西藏主持達賴喇嘛坐床、前往蘭州致祭成吉思汗陵，並視察寧夏、青海及新疆等邊疆各地。1944 年 9 月調任新疆省政府主席兼保安司令，對內以綏撫為主，對外應付蘇聯及三區（伊犁、塔城、阿山）革命問題，1946 年 3 月辭任後，任國民政府委員，並當選第一屆國民大會代表。

1948 年 4 月，蔣中正當選行憲後第一任中華民國總統，敦聘吳忠信為總統府資政，復於該年年底委為總統府秘書長。1949 年 1 月 21 日蔣中正引退後，吳忠信堅辭秘書長職務，僅保留資政一職。上海易手之前，吳忠信舉家遷往台灣，被推為中國國民黨中央非常委員會

委員，並任中國銀行董事、中央銀行常務理事。1953
年 7 月起，擔任中央紀律委員會主任委員。1959 年 10
月，吳忠信腹瀉不止，誤以為腸胃痼疾發作，未加重
視。不久病情加劇，乃送至榮民總醫院，診療結果為肝
硬化，醫藥罔效，於該年 12 月 16 日辭世。

二、《吳忠信日記》的史料價值

　　吳忠信自 1926 年任國民革命軍總司令部顧問時開
始撰寫日記，至1959 年辭世前為止，共有 34 年的日
記。其中 1937、1938 年日記存藏於香港，1941 年年
底日軍佔領香港時未及攜出而焚毀，因而有兩年闕佚
（1942.3.15《吳忠信日記》）。

　　《吳忠信日記》部分內容，例如《西藏紀遊》、
《西藏紀要》以及《吳忠信主新日記》曾先後出版，披
露其在 1933 年經英印入藏辦理達賴喇嘛坐床大典以及
1944 年出任新疆省政府主席之過程，其餘日記內容大
多未經公開。現在透過民國歷史文化學社的努力，將該
批日記現存部分，重新打字、校訂出版，以饗學界。這
批日記的出版，足以開拓民國史研究的新視角。

（一）蔣吳情誼

　　蔣中正與吳忠信的情誼在日記中處處可見。除眾所
周知的託其就近關照蔣緯國及姚冶誠一事外，蔣中正派
任吳忠信為地方首長的背後，也有藉信賴之人，安頓地
方、居間調處的考量。如吳忠信於 1935 年 4 月派為貴
州省政府主席，原以江南為實力基礎的南京國民政府，
得以將其力量延伸入西南，在當地推展教育與交通等基

礎建設，並透過吳忠信居間溝通協調南京與桂系關係，從日記中經常記述與桂系來人談話可見一斑。而薛岳此時以追剿為名，率中央軍進入貴州，在吳忠信與薛岳兩人通力合作之下，加強中央對貴州的掌控，為未來抗戰的後方準備奠立基礎。又如吳忠信於抗戰末期接掌新疆省務，以中央委派之姿取代盛世才為新疆省政府主席，一改「新疆王」盛世才當政時的高壓政策，採取懷柔態度，釋放羈押的漢、維人士，並派員宣撫南疆，圖使新疆親近中央，這都得是在蔣中正對吳忠信的高度信任下，才能主導的。當蔣中正於 1949 年 1 月下野，李宗仁代總統時，吳忠信居間穿梭蔣中正、李宗仁二人之間，由是可見吳忠信在二人心中的特殊地位。直至蔣中正於 1950 年 3 月 1 日「復行視事」，每個布局幾乎都有吳忠信的角色存在。

（二）蒙藏邊政

　　吳忠信長年擔任蒙藏委員會主任委員，關於邊疆問題的觀點與處置，也是《吳忠信日記》極具參考價值的部分。吳忠信掌理蒙藏委員會，恰於全面抗戰爆發前至抗戰末期，在邊政的處置上，期盼蒙、藏、維等邊疆少數民族能在日敵當前的情況下，親近中央、維持穩定。針對蒙藏，吳忠信各有安排，如將蒙古族珍視的成吉思汗陵墓遷移蘭州，以免日敵利用此一象徵的用心。對於藏政，則透過協助班禪移靈回藏（1937 年）、達賴坐床大典（1940 年 2 月）等重要活動，維護中央權威，避免西藏藉英國支持而逐漸脫離中央掌控。1940 年 5 月於拉薩設置蒙藏委員會駐藏辦事處是最成功的宣示，

力採「團結蒙古、安定西藏」的策略，穩定邊陲。吳忠信親身參與、接觸的人面廣泛，對於邊事的觀察與品評，值得讀者深思推敲。

（三）貫穿民國史的觀察

長達 34 年的《吳忠信日記》，貫穿了國民政府自北伐統一、訓政建國、抗日戰爭到國共內戰，以及政府遷台初期的幾個重要階段。透過吳忠信得以貼近觀察各階段的施政重心與處置辦法，以個人史或是生活史的角度，觀察黨政要員在這些動盪之中的處境、心境與動態。更能搭配其他同樣經歷人士的紀錄，相互佐證。

三、日記所見的個人特質

日記撰述，能見記主公私生活，從中探知其性格與思維，就日記的內容來分析，或許能得知吳忠信的個人特質。

（一）愛家重情

吳忠信的愛家與重情，有兩個層面，一是對於家族的關懷，一是對於鄉誼、政誼的看重。家人一直都是他的牽絆與記掛，他與正室王惟仁於 1906 年結婚，卻膝下無子。在惟仁的寬宏下，年四十迎娶側室湘君，1926 年初得長女馴叔，嘗到為人父的喜悅。爾後湘君又生長子申叔，使得吳家有後，但沒過多久，湘君竟因肺炎撒手人寰，年方二十五，使得吳忠信數日皆傷心欲絕，在日記中曾寫道：「自伊去後，時刻難忘。每一念及，不知所從。」（1932.12.31《吳忠信日記》）爾後吳忠信經常前往湘君墳上流連，一解思念之情。湘君故後，吳

忠信又迎娶麗君（後改名麗安），生了庸叔、光叔兩子。不過吳忠信與麗安感情不睦，經常爭執，在日記中多次記下此事的煩擾。吳忠信重視子女教育，抗戰勝利後，馴叔赴美求學，嫁給同樣赴美、專攻數量經濟學的林少宮，生下了外孫，讓吳忠信相當高興。1954 年，或因聽聞林少宮將攜家帶眷離美赴大陸，吳忠信並不贊成，不斷去函馴叔勸其留在美國，如果一定要離開，也務必來台。同年 8 月 6 日，吳忠信獲悉馴叔一家已經離開美國，不知所蹤，從此以後，日記鮮少提到這個疼愛的女兒。這一年年末在日記的總結寫道：「最煩神是子女問題，尤其家事真是一言難盡。」表現出心中的苦悶。

　　吳忠信相當看重安徽同鄉，安徽從政前輩中最敬重的要屬北京政府國務總理段祺瑞，兩人政治立場並不相容，但鄉誼仍重。吳忠信自段祺瑞移居上海後，經常從蘇州前往探望，段祺瑞身故時，也親往弔祭。對於同鄉後進，無論是在政界或是學界，多所關照，願意接見、培養或是推介，因此深為鄉里所敬重。如 1939 年在段祺瑞女婿奚東曙的引介下，會晤出身安徽舒城的孫立人，在當天的日記中寫道：「〔孫立人〕清華大學畢業後，赴美國學陸軍，八一三上海抗日之後，身負重傷，勇敢可佩。此人頭腦清楚，知識豐富，本省後起之秀。」（1939.9.28《吳忠信日記》）頗為欣賞。或許是命運的作弄，當 1955 年爆發郭廷亮匪諜案時，吳忠信恰為九人調查委員會的一員，於公不能不辦，但於私仍同情孫立人的處境，認為他「一生戎馬，功在黨國，得

此結果，內心之苦痛，可以想見，我亦不願多言，是非曲直留待歷史批評」。

吳忠信同樣在乎的還有政誼，盡力多方關照共事的同事。如羅良鑑不僅是他生活的良伴，也是與他同任安徽省政府委員的至交，兩人都在蘇州購地造園，經常往來。爾後，吳忠信主政安徽省、貴州省與蒙藏委員會時，羅良鑑都是他的左右手，離任蒙藏委員會時，更推薦羅良鑑繼任。1948 年 12 月 21 日，羅良鑑夫婦自上海前往香港，飛機失事罹難，隔年骨灰歸葬蘇州。吳忠信在蔣、李兩方居間穿梭繁忙之際，特地回到蘇州參加喪禮，深為數十年好友之失而悲痛，可看出吳忠信個人重情、真誠的一面。

（二）做人做事有志氣有宗旨

吳忠信曾經在 1939 年元旦的自勉中，自述「余以為做人做事，必有志氣，有宗旨，然後盡力以赴，始可有成。」另亦述及「自入同盟會、中華革命黨而迄于今，未敢稍渝此旨。至以處人論，則一秉真誠，不事欺飾，對於人我分際之間，亦嘗三致意焉。」這是他向來自持的。就與蔣中正的關係而論，自詡亦掌握此一原則，他在同日又記下：「余與蔣相處，民十五後可分三個階段，由十六年起至十八春出洋止，以革命黨同志精神處之；由十九年遊歐美歸國起至二十一年任安徽省主席以前止，則以朋友方式處之；由安徽主席起以至于今，則以部屬方式處之。比年服務中樞，余于本身職掌外，少所建議，于少數交遊外，少所往還，良以分際既殊，其相處之標準，不可不因之而異也。余在過去十二

年來，因持有上述之宗旨與標準，故對國事，如在滬、在平、在皖、在黔及目前之在蒙藏委員會，均能振刷調整，略有建樹，絲毫未之貽誤；對友人如過去之與蔣，雖交誼深厚，然他人則與之誤會叢生，而余仍能保持此種良好關係，感情日有增進，而毫無芥蒂。……即無論國家之情勢若何，當一本過去，對國竭其忠、對友竭其力，如此而已。概括言之：即「救國」、「助友」兩大方針是也。」

由此可知，在吳忠信待人之原則，必先確認兩人之關係，進而以身分為斷，調整相待之禮。他長時間服務公職，練就出一套為公不私的原則，經常在日記中自記用人、薦人之大公無私，此亦為其「救國」、「助友」之顯現，常以「天理、國法、人情」與來者共勉。

四、結語

吳忠信於公歷任軍政要職，於私是家族中的支柱。公私奔忙之餘，園藝之樂，或許才是他的最愛。他常在一手規劃的蘇州庭園裡，親自修剪、壅土，手植的紫藤、楓樹、柳樹、紅梅、白梅等在園中，隨著季節的變化而映放姿彩，園林美景是他內心的慰藉。吳忠信1949年回蘇州參加羅良鑑夫婦葬禮後，短暫地回到自宅園林，感嘆地寫道：「園中紅梅業已開散，白梅尚在開放，香味怡人。果能時局平定，余能常住此園以養殘年，余願足矣。」（1949.2.21《吳忠信日記》）可惜，這是他最後一次回到蘇州，之後再無重返機會，願與天違。

　　這份與民國史事有補闕作用的《吳忠信日記》並非全出於其個人手筆，部分內容為下屬或親屬經其口述謄寫而成。1940 年，他就提到：「余自入藏以來，身體時常不適，且事務紛繁，日記不時中斷，故託纕蘅兄代記，國書姪代繕。」（1940.1.23《吳忠信日記》）且在記述中，也有於當日日記之末，囑咐某一段落應增添某公文，或是某電文的文字，或可見其在撰述日記之時，便有日後公諸於世的預想。或許是如此，吳忠信在撰寫日記時，不乏為自己的行動辯白，或是對他人、事件之品評有所保留的情況，此或許是利用此份日記時須加以留意的地方。

編輯凡例

一、 本社出版吳忠信日記，起自 1926 年，終至 1959 年，共 34 年。其中 1926 年日記為當年簡記，兼錄 1951 年補述版本；1937 年至 1938 年於太平洋戰爭爆發後，其家人逃離香港時焚毀，僅有補述版本。

二、 古字、罕用字、簡字、通同字，在不影響文意下，改以現行字標示。

三、 日記中原留空白部分，以□表示；難以辨識字體，以■表示。編註以【】標示。

四、 作者於書寫時，人名、地名、譯名多有使用同音異字、近音字，落筆敘事，更可能有魯魚亥豕之失，為存其真，恕不一一標註、修改。但有少數人名不屬此類，為當事人改名者，如麗君改名麗安、曾小魯改名曾少魯等情形，特此說明。

目錄

總序／呂芳上 I

導言／王文隆 V

編輯凡例 XV

1956 年

1 月 1

2 月 13

3 月 22

4 月 36

5 月 50

6 月 64

7 月 75

8 月 86

9 月 98

10 月 109

11 月 122

12 月 140

1956 年（民國 45 年）　73 歲

1 月 1 日　星期日

一、今日係民國四十五年元旦。陽光普照，氣候溫和，
　　為台北入冬以來希有的優良天氣，象徵中華民國
　　的光明。

二、上午九時參加中央評議委員、中央委員以及中央
　　黨部諸同志在台北賓館舉行元旦團拜。由于右任
　　先生主席，並致詞，題為「革命精神」。其結論
　　有，今年可能是我們最艱苦的一年，也是我們接
　　近勝利，走向成功的一年。同志們發揚革命精
　　神，來完成反攻復國偉大使命。

三、上午十時到總統府參加中華民國開國紀念典禮暨
　　新年團拜，由蔣總統躬親主持。總統領導行禮後
　　即席致詞，指出今年工作中心是反攻復國心理建
　　設的精神動員：第一、惟有民族精神才是反攻復
　　國動力；第二、惟有民生主義才是反共抗俄靈丹；
　　第三、惟有正義公理才是世界和平保障。由以上
　　三方面當可領悟反攻復國復國的心理建設，也是
　　我們反共抗俄精神動員基本工作，也是我們革命
　　復國成功最大保證。

四、年前申叔由巴黎來電話要錢。今日我與惟仁老太
　　太致申叔一函，大意以我們現在情況，沒有錢匯
　　與你，你要自己決定留在國外時間。父母都已
　　七三高齡，時常多病，望你體量此種情形，並自
　　己多加保重。

1月2日　星期一

中央雖有通知團拜後不再過別拜年，但到余家拜年仍有一百餘人。余為禮上往來，亦只有分別回拜。

1月3日　星期二

在過去兩個月用朱醫針劑，最近身體、精神、食量均大有進步。從今日起再繼續針治，規定每一星期打兩次，每次三種針同時。據朱醫云，我的身體與過去一年之比較，現在大有進步。朱醫很高興，我亦非常感謝朱醫。

1月4日　星期三

上午九時參加中央第二四二次會議，蔣總裁主席。討論「經濟建設四年計劃檢討報告」（本年是第四年），發言委員很多。對于今後經濟建設重要之點，有發展工業、加強管理、要有總計劃、要有統一機構、另設小組負責辦理僑資與外資事宜、經濟建設應與軍事配合、組織委員會負責澈底清查林班。美國經濟援助都是消費物資，很少工業機器，今後關於黃豆、小麥等食物美援，應該減少。最後決定速擬定方案再討論。經三小時之討論，至午後一時散會，本案之重要可想而知了。

1月5日　星期四

前因申叔在巴黎生病，來電須款，特託段茂蘭（觀海）代辦大使代墊付五百元（美金）。只因匯款手續麻煩，不得已請外交部葉部長設法，即日代為轉寄巴黎。

1月6日　星期五

一、法國國民議會改選，溫和派分裂，反使共產黨坐收漁人之利，而浦嘉德領導小商人與農民集團的突然抬頭。這是法政局臨嚴重危機，西方憂慮法局將削弱反共力量。丹麥保守黨報謂在這次法國選中，共黨與法西斯主義者勝利了，民主主義失敗了。

二、自新年來，金門迭遭匪盲目射擊。四日清晨起在四小時間，匪向金門發砲八百五十發，經我砲兵以威力制壓後，匪砲即趨沉寂。我民房七十餘間被匪擊毀。

三、美國參謀首長聯席會議主席雷德福上將，昨抵台訪問。美國空軍部長鄺爾斯由港來台，昨晨在香港招待記者，警告中共匪幫說：「攻擊台灣，無異攻擊我們的和我們立場。」

1月7日　星期六

　　本日下午四時，原決定在南港中央研究院舉行小組會議，並參觀該院。中央研究院院長朱家驊，約我與陳副總統及張岳軍、閻錫山、賈景德、徐永昌、張道藩等參觀中央研究院新址。朱院長在茶會致詞，並由該院總幹事周鴻經先生報告院中概況，及四年來分期領到公款三百零九萬元建築新址經過後，參觀該院所保存古物以及古書，與有關歷史的文件。陳副總統退去後，我們舉行黨的小組會。由朱家驊同志主席，張岳軍同志報告外交部長葉公超反對黨員自清案報告文件。

1月8日　星期日

　　上午十時到北投訪新光甫兄。他將於農曆年前返香港處理行務，正在辦理出入境證，仍由我與洪蘭友兄二人作保。光甫深感年老須人照料。我勸光甫早去早回，似可不作美國之遊。

1月9日　星期一

　　寒流南侵帶來風雪，台灣全境奇寒。大屯山嶺遠望處處白雪皚皚，陽明山及東勢氣溫近冰點。預測今天氣溫攝氏表四度至十度，這是台灣少有寒流。

1月10日　星期二

本日致申叔一函

申兒覽：

　　昨年十二月廿九日來信閱悉。在四十三年即由彥龍轉告你，必須預留返國旅費，本年元旦日，又與老太太給你的信，家中沒有錢匯與你，要你自己決定留在外國時間。你此次來信說，已經欠債。我絕對沒有錢替你還債。我一生不願向人借債的，當有錢時須有計劃的使用，當沒有錢時則不用，這是我做人的精神。我坦白向你說，如其沒有力量留居外國，只有返國，與兩位老人吃口苦飯罷了。你出國三年，未能照預定計劃，就有用之金錢與寶貴之時間調養身體，這是實在可惜。你應該客觀的、事實的、平心靜氣的檢討過去三年的得失，求將來的進步。台灣物價雖低，我們的生活還是艱苦，其原因，家人都不事生產，全靠我一個老頭拿少數薪水負

責維持的。望你共體斯旨為盼云云。

父手啟　四十五年一月十日午後發

憑我的良心說，我對申叔愛護無微不至。他近來心理失常，皆因生活失常之結果。我與他這封親筆信，是要他覺悟。

1 月 11 日　星期三

上午九時參加中央常務委員會第二四三次會議，總裁親臨主持，至十二時三十分散會。

1 月 12 日　星期四

中央十日起檢討四十四年度上半年工作會議，其檢討重點有大陸、海外、組織、宣傳、訓練、民運、婦女、心戰攻戰、設計考核、財務諸種工作，一共五日。查中央遇事，會議不時檢討，方案很多，決議亦是很多，已成一種形式。如能實行決議，黨才有前途。

1 月 13 日　星期五

庸叔考取赴美留學，今日上午已得美國領事簽證。至此出國赴美各種手續辦理完畢，非常快慰。出國手續之麻煩，已較申叔出國手續簡便多矣。余深感各方之幫助，惟望庸叔到美讀書用功、求上進，以報一般幫助先生們之熱心。

1月14日　星期六

台北市民政局長柯台山來見。他擬競選下屆台北市長，並說與黃啟瑞合作。黃現任中央黨部副秘書長。

1月15日　星期日

庸叔出國手續既已完成，本日上午特偕庸叔訪教育部張督學仁家（主辦留學生事）。又到北投訪光甫兄，感謝彼等幫助。庸叔近日身體稍感不適，係因不戒于食之故。

1月16日　星期一

中央黨部于本日上午九時在實踐堂舉行總理紀念週，出席中央委員、中央評議委員、中央工作同志約三百人，由我主席。蔣夢麟同志報告赴美國處理清華大學教育基金事宜，及便道在美、日考察各種設施之觀感。至十時散會。

1月17日　星期二

庸叔患黃膽病，請朱仰高醫師診治。如能安靜休息，即可痊愈，當不致耽誤廿六日出國日期。

1月18日　星期三

一、本日中央常務會議停開，改開總動員會議。

二、本日為民社黨主席張君勱先生七秩華誕，該黨同仁在台北賓館舉行茶會慶祝，余于午後三時前往道賀。查該黨自大陸撤退來台，內部意見紛歧，

分裂為二，互相攻訐。張君勱身居海外，不但始終不來台灣，而且反對國民政府，甚至為第三勢力所利用。

1月19日　星期四

明日為蔣夢麟先生七秩華誕，我偕張壽賢兄于本日上午到蔣宅慶賀。蔣氏身體康建。蔣氏曾任北京大學、浙江大學、西南聯大等校長。

1月20日　星期五

一、廈門等地敵軍，十九日復向我金門前線發動激烈砲戰，瘋狂發射俄製砲彈近三千發，經我還擊制壓始沉寂。

二、庸叔患黃膽病，可能影響乘廿六日同學包機飛美。我的原則是「希望庸叔乘廿六包機，否則不必勉強」，現在加緊醫治。我託沈維經轉告旅行社，須下星期二始能決定能否成行。意在不能成行，商量旅行社退回飛機票價。以庸叔出國一切手續順利完成，為何忽然患病耽誤行程，真是美中不足。

三、陳光甫即待出境證發下，即起程赴港處理舊曆年關行務。他深深感嘆現在的人對於做人做事太無根底。我勸他早日回台，如赴美國辦理銀行存款解凍，可由台灣前往，較為妥善。他深以我的意見為然。

1月21日　星期六

一、上午九時參加第一次黨務會議開幕典禮，地點在
　　木柵革命實踐研究分院大禮堂。

二、庸叔患黃膽病仍無進步，且肝部亦被牽動，再請
　　朱醫診治。據朱云須進醫院調養，故于午後進中
　　心診所。如此既傷身體，又要花錢，尤其耽誤赴
　　美日期。中心診所是很貴醫院，但經朱醫介紹，
　　不得不進此醫院。我們家人進醫院在台灣，以庸
　　叔為第一次。

1月22日　星期日

　　以庸叔今日病況，不能乘廿六日包機飛美，即電告
沈維經兄轉告旅行社退飛機票位。出國手續辦理如此順
利，今竟不能成行，這也是與庸叔一種教訓。假定聽話
注意飲食寒熱，何至如此。

1月23日　星期一

　　上午九時偕張壽賢兄到木柵參加黨務會議紀念週，
同時立法院黨部、監察院黨部、台灣省黨部及中央直屬
區黨部、產業黨部、鐵路黨部與夫其他各種黨部新選委
員共一百餘人舉行宣誓典禮，總裁親臨訓話。典禮于十
時開始，至午後一時完成，其中總裁訓話約有二時卅分
之久。

1月24日　星期二

一、陳副總統及行政院俞院長均係本日五十九歲生

辰，余于上午九時分別前往慶賀。

二、紀律委員會同事林委員彬，因攝護線腫大，現在
台大醫院診治。我于本日上午前往慰問，其施行
手術後情形良好。

三、現任行政院政務委員蔡培火（台灣人）迭次約我見
面，本日午後與蔡見面。他新由日本回來，他對
于政治很多批評，尤其對于選舉表示不滿。

1 月 25 日　星期三

上午十時參加中央常務會議，總裁主席。討論反共
文藝戰鬥工作實施方案，因關係方面太多，決由教育部
設司主辦。總裁指示特別注意音樂、體育，並主張八
育，尤其是勞育。總裁對于台中博物院道路等等腐敗大
為不滿，主張未整理完成之先，不必歡迎外人參觀。教
育部張部長表示：一、以後小學生免試升中學，不用考
試制度，減少兒童用腦過度；二、高中畢業會考，以其
成績升大學，不再另舉行大學招考；三、國有荒地交學
校經營，古時學田制度，達到學校能以自給自足。張氏
上三項主張，實有對于教育革命精神之表現。張部長並
主張東海大學辦法，教員兼職員，這是很好的辦法。總
裁對台灣大學學生服裝五光十色大為不滿，主張學生應
一律穿制服，尤其對于台大腐敗應加以整頓。

1 月 26 日　星期四

昨日收到巴黎廿四日來電謂：「申叔嚴重肺病，醫
囑住院急治，請即電撥款」云云。該電未署名，不知何

人所發。自申叔出國後，來信前言不對後語，往往數月不來信，就是來信，亦胡言亂語與需款。我對他信念動搖，我沒有錢，就是有錢亦不能接濟亂花。最後總要經過彼此這個階段，與其愈拖愈深弄到將來無法解決，不如現在一次難過。故請以曾伯雄老弟名義代復一函，原文如後。

老弟如晤：

一、廿四日電報已收悉，並經轉呈老先生。來電未具名，不知何人所發。

二、前于元旦日，由二位老人家簽名函，及一月十日老太爺親筆函告家中沒有錢匯與你，諒早已收到。現在又電需款，老太爺仍然是過去態度，望你自行考慮。如你經濟維持不下去，自以返台為宜。台灣醫藥日益進步，療養亦較方便。

三、我（曾）承你府上不棄，又承你看得起。以旁觀者看法，如繼續不斷函電索款，不僅不能發生效力，反而對你也無好處。應請你詳細斟酌為要。

曾伯雄 一月廿六日

係掛號由段大使轉。

1月27日 星期五

一、上午到北投分訪鄭介民、陳光甫兩兄。鄭患心臟病，尚未起身。陳出境證業已辦好（由我與蘭友作保），擬日內赴港料理行務。我請其早去早回。

二、庸叔今日出院，在家休養數日，或可起程赴美，希望趕上學校報名日期。

三、午後三時紀律委員會舉行第四十二次會議。因係新
　　年，特由我具名請各委員及本會各同仁聚餐，以
　　示酬勞之意。
四、昨日中午總統在台北賓館招待駐美大使顧為鈞午
　　餐，約我等評議及中央常委作陪。顧氏席間報告
　　國際形勢，總統亦有指示，認共匪將繼續造謠，
　　要顧使向美國說明。顧使將于廿八日飛返美國。

1月28日　星期六

　　紀律委員會同事王介民的女公子瑞月與孟昭瓚姪兒
憲宗，于本日午後在中山堂舉行接婚典禮，我偕壽賢前
往慶賀。本日上午偕惟仁到台大醫院看居老太太病。

1月29日　星期日

　　上午十時陳光甫兄偕陳益秘書飛港，我偕張壽賢兄
到機場送行。

教訓申叔函

申兒覽：

　　沒有人不歡喜兒子的。似你過去三年作風，我相當
失望。你是以晝作夜的，因此所想的、所說的，等于夢
想夢話。我坦白向你說，我對于你的信念將開始動搖。
你如真正誠心醫病，以台灣醫藥亦在進步，亦可回台醫
治。我絕對沒有錢供給你在外國住醫院等等使用，你亦
不要再作此種期望。兩位七三老人對你雖素來愛護，但
到無可如何地步，只有聽其自然，以求無愧我心而已。

閱廿、廿一兩長函，不知重心何在，感嘆萬端。

禮　一月廿九日午後

請駐法段大使勸申叔回國函

觀海吾兄勛右：

月前承蒙借予小兒申叔五百元，經于本（一）月初託葉部長公超兄代為歸趙，想已遞達。小兒近迭來函電，謂體病須住院療養，索款甚殷。弟以巴黎醫藥費用太貴，且長安居大不易，非弟力量所能負擔。而台北醫藥設備亦多進步，生活亦極安定，儘可返台治療，業迭函申叔返台。數年來小兒多承賢伉儷分神照料，至為感荷。茲特簡佈一一，得便尚乞惠加勸導，俾其能早日東還是幸。即頌

勛祺

弟吳忠信　四十五年一月卅日發

1月30日　星期一

【無記載】

1月31日　星期二

故友鄒海濱先生靈柩安葬于台北市郊天母山之陽，于本日下午三時由極樂殯館啟靈，我準時前往殯儀館參加啟靈祭典。吾老矣，吾老友多先我駕返道山。

2月1日　星期三

　　上午十時參加中央常務會議。庸叔擬于本星期六（四號）起程飛美。所患膽病大致痊愈，惟仍須注意起居，隨時調養。

2月2日　星期四

　　偕庸叔到中國旅行社接洽飛機票及往美途中情形，又偕庸叔到韓楚箴兄等處辭行。

2月3日　星期五

一、上午十時參加總統府月會，陳副總統主席。新任監察院秘書長張目寒、經濟部長江杓、駐伊朗大使吳南如、國防部副部長馬紀壯、新聞局長沈錡、國防部參謀次長羅友倫、曹仲周、憲兵司令劉煒等舉行宣誓典禮，陳副總統代表總統監誓。

二、庸叔病後，身體日漸強建。關于飛機票亦已定妥，準于明日起飛。因庸叔初次出遠門，並由張壽賢兄等託在美友人沿圖關照。

2月4日　星期六

　　庸叔于本日（四）上午十一時十五分，乘西北航空班機飛美國，經過日本、阿拉斯加、西雅圖、芝加哥，至佛羅理達學校。洪蘭友、張壽賢、張仁家、沈維經、劉抱誠、龔理珂、龔維寧、蒯世祉、陶宗玉、龔黛麗等均到機場送行。關于庸叔受軍訓時用費，與最近生病醫藥費，以及赴美旅費，共用去三萬三千二百元（係台

幣）。庸叔此次赴美準備相當完全，我已盡最大努力，
其結果如何，要在他自己奮鬥，自己決定。申叔同學夏
某致謝然之先生函，說申叔想到瑞士醫病，囑謝轉告。
這又是申叔節外生枝。我答謝氏，請他復夏君，勸申叔
回台灣。申叔此種舉動，我大大不以為然的。立即由彥
龍函告申叔，促其回台，沒有錢使他到瑞士去。我對申
叔既已失望，他現在還在莫名其妙，真使我痛心。申叔
如此結果，不能不歸諸天命。

2月5日　星期日

今日為農曆立春日，亦即農民節，台北熱烈舉行
四十五度農民節慶祝大會。

2月6日　星期一

上午九時至至中山堂參加二月份總理聯合紀念週。
由立法院張院長道藩報告立法院工作情形，現有立委共
五三七人，設十二委員會，職員乙百餘人。依照規定，
委員總額應為七百七十三名，但因匪亂，以及辭職、病
故等等的結果，只有五三七人。

2月7日　星期二

一、庸叔二月五日午後十一時十五分由西雅圖來電，
　　已安抵該處。在中國日期係二月六日，係經更換日
　　期線，又名國際換日線，過此線赴美應減去一日。
二、前新疆省主席盛世才（晉榮）親兄弟鬧家務，甚至
　　鬥毆傷人，晉榮請我與張元夫、朱一民、祝紹周

調解。本日午後三時在朱家交換意見，先請張、
祝二君前往勸解。

2 月 8 日　星期三

上午十時參加中央常務會議，研究建設台灣三民主
義模範省。

2 月 9 日　星期四

一、孫瑞霖先生七日由佛羅禮達致沈維經電，庸叔已
　　到。其電文中，有「非常高興在此地見到庸叔，請
　　轉達老吳先生，我（孫）將好好照料他。他的精神
　　十分的好。瑞麟。」孫先生如此熱誠，我非常感
　　謝。庸叔既安抵學校，我非常快慰。我對庸叔責
　　任可告一段落，今後庸叔前途，要自己努力，自
　　己負責。
二、午後偕麗安至西門町，購過農曆節零星物品。

2 月 10 日　星期五

【無記載】

2 月 11 日　星期六

出席中國銀行第三次董監事聯席會議，報告將中行
資本由六千萬大洋變為六百萬大洋。我表示反對意見，
詢問根據何者決定改變的。並強調應注意民股，雖民股
在中行居少數，但應以幫助弱小精神，幫助民股。

2月12日　星期日　丙申年元旦

　　大地春回，萬象更新，軍民歡度春節。照中國十二支的計算，農曆新年是「丙申」。「申」即代表動物的「猴子」，猴子性格很倔強而慧敏，同時動作迅速，因此一般人都希望在這個「猴年」是行動年，是反攻大陸年。雖天氣陰雨，氣溫普遍下降，但戰時首都的台北市七十萬市民，不畏寒冷，歡度春節。自從昨日除夕起，爆竹聲此起彼落，十分熱鬧。大家見面時連聲恭喜、恭喜，拜年之聲亦不減當年，處處車水馬龍，家家迎送賀客。農曆春節是適應農事而定，中國人過這個年的習慣傳了幾千年。如今雖然用陽曆，而傳統農曆年比陽曆年更更要熱鬧，可知習慣是不容易改變的。我們不要忘卻大陸同胞在鐵蹄下受蹂躪已經六個年頭，我們要警覺，打倒共匪，解救苦難同胞。

2月13日　星期一

　　今年到我家拜年仍有二、三百人。因昨日是舊曆大年初一，今天繼續放假一天，過了今天就要恢復工作。我于昨、今兩日分別向少數親友家回拜新年，因我年老，不及向家家回拜了。承諸親友看得起，年年向我拜年，我實在感激萬分。

2月14日　星期二

　　上午到紀律委員會辦公，這是春節第一次到會，大家看見都說恭喜。我最大希望，早日完成反攻大陸。

2 月 15 日　星期三

　　上午九時參加中央常會議（第二五一次），蔣總裁主席。聽取第六組張主任炎元報告最近匪情，約一小時完畢。第三組鄭主任彥芬報告海外黨務工作之檢討，約一小時又四十分完畢。張氏報告有內容，鄭氏報告更有內容。所有鄭氏海外黨務工作最緊要九項措施，大多可以批准，總裁並加以指示。午後一時散會。

2 月 16 日　星期四

　　美國總統艾森豪心臟病康復，力能勝任二屆總統。六醫師昨發表診斷報告：「心肌活動正常，僅留一塊疤痕，體格檢查結果，證明心臟無衰弱徵兆」。惟是否競選總統，仍由艾氏自己決定。

2 月 17 日　星期五

　　本月十一日（陰曆除夕）葉外長公超向我說，此次美國總統艾森豪與英國首相愛登共同聲明，其中有兩點是聲明精神之所在。

一、政府為人民而存在，非其人民為其政府而生存（前者為自由民主之政治，後者為共產主義之政治）。

二、人類奉行上帝之意旨，以追求崇高之自由，敬愛目標為其生活之意義者。以其個人威勢奴役其人民，其政府以控制為首要，故無根本人性（按即行善之意）發展之可能。

2月18日　星期六

一、惟仁老太太自新春以來，身體頗感不適。今晨陪
　　同到朱仰高醫師處診治，量血壓高至二百七十，
　　低至七十。此等高血壓從來未有，好在低血壓甚
　　低，否則已發生危險。據朱醫師云，乃係初步中
　　風，比即開方吃藥及打針。惟年老無子女照料，
　　實是可憐。彼一生忠厚待人，與我五十年來從未
　　吵鬧，且幫助我的地方太多，我實有負于惟仁，
　　而惟仁實無負于我。我只有憑我良心，敬我責
　　任，照料他、保護他。

二、晚七時偕伯雄到新世界看話劇，名「漢宮春秋」，
　　是由中國影劇人聯合演出歷史名劇，掀起劇運的
　　熱潮。是劇寫王莽暴政與劉秀中興的故事。

2月19日　星期日

一、惟仁老太太精神較昨日好。

二、蔣勻田兄嫁女，下午四時親往道賀。

三、參觀歷代名畫展覽。

2月20日　星期一

一、近一週來陰雨連綿，正月台北季于人身體頗為
　　不適。

二、李先良兄擬赴美考查市政，現正辦理出境手續。
　　今午後來台北，下榻余和平東路寓所。

2月21日　星期二

一、居老太太（覺生先生夫人）于昨晚九二十分病故
　　台大醫院。我往居府弔唁，晤浩然、伯齊兩位公
　　子。居老太太年六十五歲，有兩個兒子、四個女
　　兒，可謂福壽全歸。居老太係患腸癌症，開三次
　　刀，經數月之久未能痊愈，其病中痛苦非常。

二、惟仁老太太本日午後血壓已降至二百度，最低九
　　十五度。

三、庸叔來信，佛羅理達大學因註冊過期，不能變通，
　　由陳先生介紹暫入南方大學，該大學距佛羅理達約
　　一百英里。

2月22日　星期三

一、上午十時參加中央第二五三次常務會議，由陳辭修
　　同志主席。討論黨員自清結束案，因尚有高級同
　　志未道中央填表，各常委都發言，見仁見智，各
　　有不同。大多認為自清案原則是對的，技術是缺
　　點很多（這就錯誤），必須研究結束辦法。我的發
　　言有：「本案乃是或非問題。如認為是，是對的，
　　所有未填表同志應一律開除黨籍；如認為非，是不
　　對的，應將已填表退還回各同志。現在開除黨籍
　　做不到，退回表格亦做不到，只有設法了案。」
　　此案經二小時之久研究，認為確有錯誤，應本此
　　旨作結案文章。提下星一常會討論決定。

二、本日午後請朱仰高醫師量惟仁老太太血壓，高的一
　　百八十五度，低的九十度。如此病情大大好轉，

仍繼續用前方診治。總之年老人血壓高，心臟
弱，是值得注意的。

2月23日　星期四

一、居老太太鍾志明女士本日上九時大殮，十一時火
　　葬。余往祭，並送至火葬場。居老太兒女都已教
　　育成人，都是出國留學。長公子浩然現任淡江英
　　專校長。

二、下午六時邵華、端木愷在邵宅（瀋陽路三巷七號）
　　招待晚餐。係因春節，招待皖省立法委員、監察
　　委員及我等年長者。

2月24日　星期五

　　午後三時主持紀律委員會第四十三次會議。關于馬
存坤開除黨籍案，馬同志請減輕，但找不出減輕根據，
只依法維持開除原案。在情的方面，有開馬之生活當予
注意也。蓋馬氏過于聰敏，是其吃虧最大因素。

2月25日　星期六

　　午後五時至王世杰（雪艇）公館出席小組會議，研
究美國務杜納斯下月來台訪問，我們應取之態度。

2月26日　星期日

一、今日係元宵節（正月十五日），乃是台省大拜拜
　　日。昨夜、今朝砲燭連天，度此佳日，所費金錢
　　甚鉅。今日又名上元節。

二、參觀鄉同輩劉銘傳（省三，合肥西鄉人）先生台灣
　　建省各種文件。劉先生巡撫台灣時，種種建設，
　　公在國家民族。其展覽文件地址在博物館。
三、上午到國父史蹟館，參觀唐宋元明清五朝書畫
　　展覽。

2 月 27 日　星期一

　　上午九時參加中央紀念週，黃副秘書長啟瑞報告慰
勞馬祖島前方將士情形。

2 月 28 日　星期二

　　昨日請朱仰高醫師復診老太太病。據云血壓高二百
度，低七十度，仍用原方繼續醫治。

2 月 29 日　星期三

一、上午十時參加中央第二五五次常務會議。
二、下午四時出席中央銀行理監事聯席會議（假台灣銀
　　行二樓會議室舉行）。

3月1日　星期四

一、昨日再度嚴寒，台北市室外氣溫上午降至攝氏九
度，北投附近之大屯山頂，今晨再度飄雪。這是
台北最冷天氣，街上行人均將顯得不勝其冷，但
較我們在迪化時冷到零下四十度，則差太遠了。

二、四十五年三月一日為中央日報發行一萬號，暨創刊
二十七週年紀念日。該報董事長胡建中、社長阮
毅成、副社長唐際清于本日下午在中山堂光復廳
舉行酒會。我于下午四時前往慶賀，各界千餘來
賓蒞臨參加，集一時之盛會。

3月2日　星期五

　　午後四時到植物園內國立圖書館參觀該館展覽所藏
圖書。該館係最近新成立的，展覽圖書雖不多，但內容
甚為豐富。植物圖原來破敗不堪，亦經加以整理，很可
遊覽。李先良兄與同往，並暢論將來建設蘇州。

3月3日　星期六

　　【無記載】

3月4日　星期日

　　故友楊普生的公子泰吳來見。他現在美軍招待所任
經理，現年卅歲，很有服務精神。他浙江人，出生地蘇
州。余與楊公子不見已隔二十餘年矣。

俄帝新動向

俄共感覺對內無法收拾,對外(國際)四面楚歌,因此第二十屆大會陰謀花樣翻新。

一、清算死的史達林:批評史達林的錯誤,想轉變目標,把一切國內和俄國與附庸國之間不愉快舊賬往死人身上一推,並可混亂外人觀感。這真是如意算盤,一舉而數得,但對附庸國領導生問題。

二、集體領導:反對過去史達林個人獨裁,則偶像之摧毀,精神之瓦解都已合盤托出。蘇俄政策或在改變,但統治世界仍無改變。我們不要為他所騙,自由世界應早決心,勿錯機會。大陸共匪素認史匪為領導者,今後將如何,蘇俄集體領導,共匪又將如何。他們只有隨之轉變,服從新主子。

3月5日　星期一

上午九時出席總理紀週,地點中山堂。由陶希聖兄報告,題為「史達林被清算之後」。分析俄共第二十屆黨大會清算史達林及「聯共黨史」,使蘇俄附庸國與國際共產黨,特別是中共匪黨,發生混亂和動搖的時候。

3月6日　星期二

上午九時偕麗安到陽明山公園看櫻花,是日也日暖風和,萬紫千紅,乃入春以來最優良天氣。午十二時卅分返台北。

致申叔函　三月六日

申兒覽：

　　我為你開畫展及出國，用盡九牛二虎心力，受盡了無可忍受氣悶，其目的是為你出國就醫與讀書作畫的。你這三年究竟幹什麼，甚至多月不來家信。或來信，也是胡說瞎吹，跡近招搖。我對你教訓特別的多，寫出無數萬字文章，你若能採納一二，何至有今日進退維谷之情勢，這是你自誤自欺之結果。我對你的責任已盡到百分之百，並早經向你說過已無遺憾。我本來一再申明沒有錢供給你在外國使用，但前接段代辦來信說，已送你進大學醫院，每月只要一百元就夠開支了。段代辦如此熱心，真正是我的好朋友，我非常感激的。我只有接受段代辦意見，即付六百元，由段代辦代為保管，每月給你一百元。你絕對不能超過此數，更不能向他人舉債。須知金錢用去易，來之不易。我們在台灣兩處家用，如有一百元，則生活很舒服了。你現在應澈底檢討，從頭做起，以你的年齡與環境，一切尚有可為。最要注意者，「崇法務實」四個字。所謂民主化者，重在崇法，所謂科學化者，重在務實。以我數十年經驗，無論做人做事，必須實實在在、有始有終，纔能成功。否則幻想、輕浮、儌倖作事與種種風頭主義，不切實際，不但為人輕視，甚至招莫測之禍，希勉之。望多多請段伯伯、段伯母指教。

3月7日　星期三

　　上午十時參加中央常委員會第二五七次會議，討論

左列三案。

一、陶常務委員希聖書面報告「政治心理戰的觀念與方法」，暨對「俄共二十次黨會之初步觀察」，決議交宣傳小組研究，再提會報告。陶氏報告中最值得注意者有「匪共對國際社會屢次申明要與台灣談判，是一種險惡的政治戰。我們對此是不能漠然置之的，我們對匪的政治心理戰必須提出要求。這一著在一般人是不能了解的，因為一般人祗認反攻為軍事行動，而不應該對敵人提出提什麼政治要求，但若這一了解不能建立，亦即沒有政治作戰或心理作戰的廣大基礎。」陶氏如此云云，在理論上似可研究的。本黨同志見仁見智，各有不同，深恐尚未向對方要求，而黨內已發糾紛，中敵人陰謀毒計。

二、討論第七次全體會議召開日期與地點，決定五月五日，地點陽明山。

三、常會通過革命實踐研究院第七期研究員人選名單，久擬參加研究院劉永懋兄（抱誠）亦被選列入名單。這是嚴省主席提名，再經我向張秘書長等說項者。

3月8日　星期四

一、省黨部委員最近改選完成，主任委員仍選郭澄（競秋）連任。今日上午九時照例舉行交代，余偕張副主任壽賢準時前往監交，並致詞。大意是這樣，過去農會、漁會之改組頗有收獲，縣市議

員、縣長等之選舉亦多進步，希望台灣省黨部今
後做到模範省黨部，為將來反攻大陸各省省黨部
皆效法台灣省黨部。郭主任對于省黨部一定可以
辦到盡善盡美，我們對主任具有十分信心。

二、午後五時參加裕台公司第五屆第四次董事會議。

三、午後六時趙院長執中招待晚餐，有黃伯度、張宗
良、張慶楨諸同鄉在座。

3月9日　星期五

一、上午十時參加總統府國父紀念月會，由行政院俞
院長報告施政情形。

二、何敬之兄（應欽）他去年赴日本，今晨返台。余午
後往訪，據云日本舊的勢力仍然存在，天皇仍為
人民所崇拜。

3月10日　星期六

一、午後四時訪聯合國我國首席代表蔣廷黻博士。據
云美國人民澈底認識共產主義，堅決反共，多願對
我支持到底。他說公教人員待遇太低，應減少軍
隊，增加公教待遇。又說司法與特務均應改良。

二、午後五時至賈煜如公館出席小組會議，聽何敬之
同志報告日本情形。

3月11日　星期日

一、接見中央日報社發行人阮毅成先生，據云報館內
部複雜，辦理頗為不易。

二、關于高中畢業生獎學金出洋留學事，教部以本國
　　大專學校已經增設，足敷高中昇學，本年不辦留
　　學考試。

3 月 12 日　星期一

本日為總理孫先生逝世卅一週年紀念，亦為台灣省
十一屆樹樹節，各處舉行紀念大會。蓋總理遺教可分為
哲學、主義、方略三大部門，吾人對于遺教究竟是否遵
守奉行，而三民主義將來必推行于全國，宏揚于世界。

3 月 13 日　星期二

我的身體于昨年冬、今年春，在台北不良陰雨氣候
時間，因特別注意起居，未生疾病，而且較去年強健。
茲將昨年診治情形記錄于後。

一、昨年春夏之間（四十四年）注射インテレン、心臟
　　ホルモン、台灣制俾爾寧維他命等三種針劑一次
　　注射。每日注射一次，已注射五十七次。

二、昨年冬季至今年三月十二日注射インテレン、多種
　　維他命、腦下垂ホルモン等三種針劑合一注射。
　　每一星期注射兩次，已注射三十五次。

3 月 14 日　星期三

上午九時參加中央常務會議第二五八次會議，總裁
主席。討論「現階段對匪心戰工作態勢與對策」草案，
這是當前最重要而最需要一個案件，決定予以分別實
行。至十二時半散會。

3月15日　星期四

一、上海銀行董事夏鵬（筱芳）日前由港來台，擬明日
　　回港。我于本日午後到其寓所送行，並託他請光
　　甫兄早日返台。

二、故友楊普生先生的夫人近日患病，住中心診所治
　　療，我代表惟仁老太太前往慰問。楊夫人子女均
　　已教訓成人。

三、晤于右任先生，據云因子女讀書負債數萬元，託
　　我設法為之幫忙。我們老同志多是貧苦，我對于
　　先生十分同情，當即允為設法。

3月16日　星期五

　　昨今兩日氣候放晴，日暖風和，台北溫度為卅
一度。

3月17日　星期六

一、因寫信與羅旡念關照庸叔事，與麗安意見未能一
　　致，頗感不歡。光叔從中處理不善，亦有責任。

二、十三日申叔來信，稍知悔誤。可惜黃金時代業已過
　　去，如能從此真正回頭，求未來光明，亦未為晚。

三、李先良兄上月二日來台北，下榻余家，辦理出國
　　各種手續。因出境證波折，尚未領到，故于今日
　　午後六時車回台中等候。其他手續已無問題。

3月18日　星期日
【無記載】

3月19日　星期一

一、上午九時主持中央紀念週，儀式舉行後，邀請我
　　國駐聯合國常任代表蔣廷黻先生演講。先由我作
　　簡單介紹，再請蔣氏演講。他說反共應是國際運
　　動，必須世界聯合對付，我國是打倒國際共產主
　　義的先鋒隊，發揮自己力量，爭取猶預不決其他
　　的國家。我們首先要打破心理上的閉關主義，承
　　認我們不是落伍的、復古的、頑固的，了解我們
　　是真正為人民福利的。計演講四十分鐘。

二、本日（十九）中午十二時卅分，教育部長張其昀
　　兄在歷史文物美術館請我及中央黨部同仁午餐。
　　該館地點在植物園，是最近成立的。席間張部長報
　　告該館成立經過。我致答詞，對張予以贊揚，說他
　　自任教部以來，對于教育種種新的措施，如增加大
　　專學校、設立研究院、開放學生出國留學、設立文
　　藝、學術兩種獎學金。又在破壞不堪植物園中，成
　　立歷史文物美術館與中央圖書館，使植物園煥然一
　　新，倘非張氏負責積極推動，曷克臻此。

三、下午四時半參加交通部我國郵政六十周年紀念
　　會，並參觀自光緒四年起歷次所發行之郵票。

四、蔣老太太及石鳳祥先生等來看惟仁老太太病，而
　　蔣老太太身體已較前康健。

五、昨日（十八）係石靜宜（石鳳祥女公子）去世三週

年紀念，我到善導寺弔唁。

3月20日　星期二

今日請朱仰高醫師復診。計惟仁老太太高血壓一百九十，低血七十。我的高血壓一百二十，低六十。情形良好，仍繼續服藥打針。

3月21日　星期三

一、今日常會停開，改開反共抗俄總動員會報第三十六次會報。

二、今日注射「特補蓋世維雄」針劑，係朱仰高醫師診斷主張注射者，每一個月注射一針。此藥係德國製，每針一百卅五元台幣。

三、同鄉吳伯英的公子彥麟與張載宇女公子青瑟，本日午後六時在靜心樂園舉行結婚大典，請我證婚，我偕麗安準時前往。伯英、載宇是很好的朋友，又是同事，又是世交，這個婚姻可以說很圓滿婚姻。我致詞中，對兩位青年新夫婦加以勉勵。伯英是同鄉吳慈蓀之姪，與我亦係熟人。

3月22日　星期四

一、上午十時參加中央常務會議時，會議討論「四十五年度中央政府總預算案」。該預算收支不能平衡，已經列入數字，不能控制，就是虛收實支。如加稅則物價必漲，政府收支每年虧短，財政以外之墊款亦多，勢將影響貨幣之膨脹。而一般軍公教人員待

遇菲薄，生活困苦，復少挹注之餘地，勢將影響工作情緒及政治風氣。在平時財政已感拮据，一旦有軍事行動，或本島遭受攻擊，財政必定一籌莫展。這都是人謀不臧，欺騙蔣總統。既有台灣的生產，又有美國的援助，而平時物價年年上漲，對戰時又毫無準備。負財經之責者，醉生夢死，遺誤國家，這都是官僚政客買辦作風有以致之，可恨。四十五年度預算應于三月內送立法院，決議此案交由本黨黨政會議研究，再提常會。

二、立法院院長張道藩堅辭院長，經總裁慰留，但張氏辭呈已逕送立法院。本日中央臨時常會決議慰留，向立法院撤回辭呈。蓋立法院內容複雜，派系意見太深，張氏一方面服從黨的指導，一方對院內本黨同志無法運用，不得已只有辭院長之一途。張氏為人具有天性，為本黨不可多得之才。我對張氏辭院長甚表同情。

三、蔣夫人宋美齡女士本日（廿三）華誕，我到婦女之家祝壽堂簽名慶賀。

3 月 23 日　星期五
【無記載】

3 月 24 日　星期六
一、下午五時到王寵惠先生家出席小組會議，交換一般黨政意見。

二、申叔來信，說現在醫院診治宿疾，並承認過去之

錯誤。如能從此痛改，未為之晚。以申叔性格而
論，優點地方很多，何以如此。伊自己固應負
責，而父母愛護過分亦是其中原因。至愛護之原
因，是羅湘君女士（申叔生母）生申叔後患肺炎，
三星期逝世之故也。

3月25日　星期日
【無記載】

3月26日　星期一
上午十時到大直陸軍參謀學校大禮堂，參加總理紀
念週，總裁親臨主持。世祉現在漁管處任專員，他原來
習銀行，又做過銀行業務，故今日將他履歷交嚴家幹主
席，請嚴在銀行界替世祉謀一工作。

3月27日　星期二
閱庸叔三月廿日致光叔函，寫得清清楚楚、規規矩
矩，從頭到尾，絲毫不苟。使人看得懂，認得清，尤其
懂人情，識大體。由此信看來，一反在台灣作風，是他
從來沒有過這樣表現的。深望庸叔把握始終如一的精
神，並以讀書為當前唯一目的。庸叔為人有天性、有正
義，這是他做人根本精神。望庸叔勿再犯我于昨年十二
月三日日記中，對他舉動輕浮，見異思遷，種種不好的
批評，則他前途大有可為也。

3 月 28 日　星期三
最大不幸曾秘書伯雄突患腦出血逝世

　　今日係星期三，我照例參加常務會議。至中午十二時四十分散會，回和平東路寓所。惟仁老太太告我曰，伯雄今日（廿八）起床較遲，行動不靈，嘴已右歪。曾聞我歸來，隨即來見，並立廚房後門向馬路觀望，似若無病。我勸曾回房休息。稍頃午餐，請他在房間用餐，他不肯，仍來飯廳與我及惟仁老太太共進午餐，一如平時，吃米飯一碗與菜蔬等等。觀其行動呆滯，口稍有歪斜，這時家中無人，只有派周媽乘汽車去請朱仰醫師來家診治，但朱已不在家中，已至華美藥房應診。故再打電話紀律委員會，派工友范福泉去華美請朱醫。此時伯雄自己入廁所，我聞之立即囑工友周竹橋到廁所照料。迨大便後，精神甚為狼狽，由周竹橋扶持入房安臥，不多時忽嘔吐。朱醫趕到（約下午二時），據朱診斷頭部右面小血管破裂，左手左腿已不靈活，必須靜臥勿動，立即開方，囑六小時打針一次，須待廿四小時後方能決定。下午三時麗安太太及光叔兒均來協助，張壽賢、周昆田聞曾病亦趕來。此時曾神智非常清楚，對張等甚為客氣，嗣又不斷嘔吐，麗安親自在旁照顧。至四時半忽吐紫血，漸入昏迷，形勢危險。李崇年兄亦趕到，認曾病嚴重，麗安隨即乘崇年汽車，再請朱醫速來復診。朱醫問明病況，認為無望，不擬復診，麗安堅請，乃于五時半朱醫趕到。據朱診斷，主血管及胃血管都破裂，回生乏術，堅持送往醫院。立即打電話請張壽賢兄來寓磋商，均贊成送醫院，立即請壽賢兄接洽台灣大學附屬醫

院，並赴衛生處假病車。很快的壽賢帶病車回來，于下午七時由壽賢及祝秘書（毓）、和純姪、光叔兒及黨部畢、范、楊三工友送伯雄至台大醫院。先進急診室醫治，亦是回生乏術。至八時二十分送入病房，以氧氣急救無效。延至八時三十分口鼻噴血，八時四十分儘與世長辭。時壽賢、祝毓、和純、光叔及工友三人均始終在側。擬明日（廿九日）將伯雄遺體移極樂殯館，擇期大殮。一切詳情另行專記。

3月29日　星期四

今日係農曆二月十八日，我七十三歲生日。衹因曾伯雄老弟昨晚逝世，深覺人生若夢，萬念俱恢。適惟仁老太太血壓過高，實無興趣接待親友祝賀，特于上午偕老太太及周昆田夫婦一同到北投陳光甫兄別墅避壽，午後四時回城。我每年生日將老父老母生死之日寫在日記中，望我的子子孫孫勿忘我的老父老母，則可減少我的不孝罪惡。我是一歲喪父，七歲喪母，孤苦零丁。父生于道光二十八年正月十七日寅時，終於光緒十一年三月初九日寅時。母生于道光二十八年十一月廿三日丑時，終于光緒十六年三月廿六日亥時。

3月30日　星期五

一、昨午後四時，與壽賢、昆田、世祉、和純等商議伯雄喪事。決定卅一日上午大殮後火葬，安葬極樂公墓，並由治喪處登報公佈（中央日報）。

二、下午三時主持紀念委員會會議，通過例案數件。

3 月 31 日　星期六

伯雄遺體于本日上午十時大殮，舉行公祭，由我主祭。伯雄生前說過有意火葬，故公祭後即行火化。

4月1日　星期日

上午十時送伯雄骨灰到六張犁極樂公墓暫行寄存，並看定我的老朋友老同志朱霽青先生墓左下側墓地一塊，即日開工，擇期安葬。今日同去送骨灰有壽賢、維寧、光叔、應新、景明、光恩及壽賢公子等。極樂墓在台北市六張犁山上，大陸來台逝世友人多葬此公墓，台北山水一覽無餘。

4月2日　星期一

上午九時至中山堂參加總理聯合紀念週。

4月3日　星期二

上午十時參加總統府四月份國父紀念月會，總統親臨主持，省府嚴主席報告台灣省政務。

4月4日　星期三

上午十時參加中央第二六四次常務委員會議。

4月5日　星期四

一、于院長右任欠交通銀行台幣叄萬元已有兩年，現屆時期，于先生託我設法歸還。我今晨訪交行董事長趙志垚兄，談延期歸還。趙不但接受延期，而且不要利息。趙體念老同志，十分感激。

二、惟仁老太太近日身體有進步，為慎重起見，再請朱仰高醫師復診。據朱云高血壓一百八十，低血壓七十，仍須繼續服藥。嗣量我血壓高一百廿二

（這是從來所未有），低血壓六十度。

4月6日　星期五
【無記載】

4月7日　星期六

一、考試院莫院長德惠太客氣了，我過生日，特親來
　　拜壽，並送有名美齡蘭花（約值台幣五百元）。我
　　于今上午親到木柵謝步，並暢談老人衛生（莫氏今
　　年七十五歲，去年曾生病）。

二、下午五時到何敬之兄家出席小組會議。研究物價
　　問題，均以新台幣發行時五元合美金一元，今則
　　黑市四十元合美金一元。軍公教人員未增加，都
　　感生活艱難。現電氣、酒、菸等等，政府都在加
　　價，彌補預算赤字，則物價之上漲是必然道理。

三、晚八時偕麗安到三軍球場，參觀美國第五航空隊
　　勞軍團來台勞軍聯歡晚會表演。

4月8日　星期日

　　今日是佛教教主釋迦牟尼聖誕二千五百年周年，信
佛教的人都焚香頂禮。上午十時偕台北新公園慶祝佛
誕，萬餘信眾迎佛、浴佛，祈禱國運。中午十二時（四
月八日）老居士鍾伯毅、屈映光、趙恒惕假章嘉大師寓
所招待我及教育部張部長等，商議宏揚佛法與修定中華
大藏經。吾人表示竭力贊助。

4月9日　星期一

上午九時到實踐堂參加總理紀念週，聽自由俄聯代表雷德黎博士講演最近蘇聯共黨第二十次代表大會發生清算史達林運動實況。

4月10日　星期二

一、上午十時偕張壽賢兄到極樂殯儀館，弔唁老同志喬義生（宜齋）先生。喬同志患中風症，行動不便，已有數年。于本月七日逝世，享壽七十四歲。喬同志山西人，醫生出身，天主教徒。

二、上月廿六日將世祉履歷面交嚴省主席家幹，請其在銀行界為世祉派一工作，尚未回復。今午後特與台銀人事處主任虞佑民兄商量，虞立即往晤財政廳副廳長陳運生，請向嚴進言。

4月11日　星期三

上午十時參加中央常務會議（第二六六次），總裁主席。秘書處報告關于五月五日七中全會會議之研擬，及其準備事宜。又討論黨幹部制度大綱草案，該草案計四十四條，決議提七中全會討論。

4月12日　星期四

陳益、沈維經兄兩兄與我談陳光甫家務。陳年七十六，陳夫人七十五。陳女友朱小姐五十四，相交已廿五年之久。朱前夫生有一子，年約卅歲，尚未接婚。陳女公子在美國，一時又不能回來。因陳光甫兄處理當

前問題頗費精神，我還是希望光甫早日回台安居。

4 月 13 日　星期五

午後偕麗安到士林看蝴蝶蘭，五光十色。這是台灣特產，世界聞名。

4 月 14 日　星期六

【無記載】

4 月 15 日　星期日

市議會議員王乃一介紹省參議員周百鍊來見。周是醫出身。本日（十五）午後五時，為張壽賢姪公子與張文龍女公子舉行接婚典禮，請我證婚。地點陸軍招待所。張公子卅五歲，女公子廿三歲。女家係合肥同鄉。

4 月 16 日　星期一

一、上午十時參加革命實踐研究院總理紀念週，總裁因事未能親臨主持，臨時指派陳辭修同志主席。陳同志報告國際形勢。至十一時散會。

二、羅綱（影柔）兩次來訪，均值我外出未遇。羅對于三民主義有深克研究，我特于今日午後四時與羅見面。據羅云，研究三民主義不應屬雜共產主義，以致在不知不覺中將三民主義變質，就以現在本黨思想與方法不夠反攻大陸。羅想託我向總裁說話，與總裁見面，報告他研究三民主義心得。答曰俟有機會當代進言。嗣又安慰羅曰，合

肥土語「有麝自然香」，換句話說你有學問，不愁
沒有報效黨國機會。羅黨性堅強，係由黨部派赴
美留學者。

4月17日　星期二

下午六時半鄭西谷兄約便飯，在座有立武、寄嶠、
尚寬、一周、宗良、王輔、叔庸、鑄秋。

4月18日　星期三

上午十時參加中央常務會議，總裁親臨主席。首由
秘書長報告五月七日召開五中全會，地點改在石牌。又
報告全會日程計四日。嗣討論「輔導黨員參加地方自治
選舉改進要點修正草案」，修正通過，比較過去選舉
進步。又討論「公職候選人檢覈問題」，決議繼續研
究，暫時不施行此案。總裁臨時提到俄共解散國際情報
局事。陶希聖等發言，這是一種新騙術。蘇俄二次大戰
結束後，解散第三國際，而事實都以國際情報代替之，
更加強對附庸國家的控制與對民主國家的滲透。這次解
散國際情報局是企圖加偽裝和平，使世人盡墜其魔計。
美英評論俄帝陰謀有兩項意議，對狄托表示和解姿態，
對西方國家佯示合作。共黨國際情報局解散，南斯拉夫
首領狄托先宣佈將提名新的共黨組織，容納西方左翼政
黨，包括英國工黨及歐洲各國社會黨。共產國際情報局
之解散，是狄托一大勝利。

4月19日　星期四

中午十二時三十分，總裁招待中央評議委員、中央常務委員午餐（地點台北賓館）。席間總裁詢問蘇俄二十屆大會至解散情報局觀感。閻錫山等先後發言，認為共產一面表示和平，一面備戰。既備戰必定開戰，因此大戰不可避免的，判斷明年是最嚴重年。嗣又分析美國有三個理由畏戰：一、人民；二、婦女；三、艾森豪不願負原子戰責任。假如聯合國共同作戰，美國只有參加之一途。抑或蘇俄侵犯中東、英國生命線，英國必起而反抗，美國與英國共同作戰。

4月20日　星期五

一、上午十時出席裕台公司第六屆股東常會改選董監事。當選董事有胡家鳳、楊繼曾、賀其燊、王鍾、洪陸東、李崇年、周友端、徐鼎、刁培然、劉啟光、張寶樹、張心洽、顧儉德、吳建華、張振宇等十五人，監察人有吳忠信、劉和鼎、白瑜、張清源、辛我、虞克裕、俞勗成等七人。胡家鳳為董事長，我常住監察人，洪軌為總經理。

二、中午十二時金幼洲兄約午飯，除張承樞外，其他是同鄉。

三、上月廿六日將世祉履歷交嚴主席，請其在銀行界為世祉另謀位置，以期學其所用。現由嚴主席批交台灣銀行予以位置，並由財政廳副廳長陳運生兄將履歷面交張董事長，允予設法。本日午後偕昆田、右民到陳處道謝，據云已無問題，稍緩可發表。

4月21日　星期六

一、上午十時到六張犁極樂公墓為伯雄老弟舉行安
　　葬，他從此安息，永生西方極樂世界。伯雄為人
　　忠實，辦事謹慎，是我最得力的助手，此次去
　　世，是我對內、對外最大損失。參加葬禮有壽
　　賢、祝毓、昆田、志獻、抱石、和純、光叔、景
　　明等。

二、盛世才兄的老太爺及魯若衡的公子先後病故，特
　　分別親往弔唁。

三、趙夷午、鍾伯毅兩老先生過談佛教事，允與張教
　　育部長磋商再轉告，但佛教內部也是複雜。

四、民社黨代主席戢翼翹兄過談，擬請張君勱主席回
　　國擔任印度國民外交。答以須研究，改日再談。

五、合肥同鄉鄭為元兄約晚餐，未入席，因事先退。
　　鄭現任第二軍軍長，吾鄉後起之秀，有儒將風態，
　　無郭寄嶠堅強個性，無孫立人信口說話的短處。現
　　年四十四歲，曾留學義大利，任住美大使館武官，
　　真是有為少壯青年。

4月22日　星期日

　　【無記載】

4月23日　星期一

　　上午十時大直參加革命實踐研究院總理紀念週，總
裁主席。麗安近日患重傷風，午後請朱仰高醫師診治。

4 月 24 日　星期二

　　上午民社會戢翼翹、蔣勻田與我談該黨主席回國事，想我向總統說話。答曰張先生回國，如就黨政兩方言，可請與總統府秘書長岳軍接洽，或與本黨張秘書長屬生接洽，我定從旁協助云云。

4 月 25 日　星期三

一、今日常會停開，改開總動員會議。

二、楊普生公子泰吾世兄，五月十二日與吳女士瑞芳在中山堂舉行接婚典禮。我問泰吾為何不請你的姑父王亮籌先生證婚？他說王先生有病，昨日已進台大醫院診治。答曰既如此，我為你證婚。現值國難期間，一切應該從簡。

三、晤蔡屏藩兄，再談于右老生活問題。告以向銀行借款很少辦法。至私人朋友幫助，我然是一份子，不知右老意見如何。

四、我家于民國卅八年四月廿五日由上海飛抵台北，今日係四十五年四月廿五日，整整七年之久，反攻大陸遙遙無期。我年事日高，體力日漸衰弱，生活日漸困難，但志氣尚存，當為黨國盡我最後餘力。

4 月 26 日　星期四

　　得巴黎代辦大使段茂蘭兄來函云，申叔體重較前增加，現在已搬到巴黎市外山中療養院靜養，並可讀書。每月付他一百元，已付三、四兩月份等語。聞之非常歡

喜，深感茂蘭兄熱情。同日亦接申叔來函，說他準備回
國。這是得知伯雄逝世，家中乏人照料，所以他有回國
之意。

4月27日　星期五

下午三時紀律委員會召開第四十五次會議，討論孫
立人同志違反黨紀案。秘書處來函：「為查中央委員孫
立人同志對匪諜郭廷亮案應負重大咎責，在黨紀方面應
如何處理一節，經提四月二十三日中央常務委員會第
二六九次會議，決議孫立人因匪諜郭廷亮案引咎請辭總
統府參軍長職務並請查處一案，業經政府組織調查委員
會澈查。結果認定孫立人同志不知郭廷亮為匪諜雖屬事
實，但孫同志對該案應負失察徇情包庇之重大咎責，業
經調查委員會報告書明確列舉有案，實屬違反本黨黨
紀，應交紀律委員會議處具報等語紀錄在卷。除會議錄
另行檢送外，特先錄案通知，即請查照辦理。」查本案
係由中央常務會議以孫立人同志對郭案失察，徇情包
庇，交紀律委員會議處。又經張秘書長報告總裁，意將
孫立人開除黨籍。故紀律委員會本日會議，各委員紛紛
發言。經一小時慎重討論，多以不愉快心情決議開除黨
籍，呈請常會核議。否則總裁可用最後決定開除黨籍
者，例如過去端木愷、齊世英，總裁手令開除黨籍，劉
伯昆紀律會予以警告，總裁用最後決定權開除黨籍者。

4 月 28 日　星期六

有關曾伯雄弟專記

　　曾伯雄弟名毅，湖南長沙人，私立上海持志大學畢業，為余同學曾影豪君之堂弟，與叔仁三叔為莫逆交。

　　民國十六年國民革命軍底定長江，余任淞滬警察廳長，伯雄因叔仁之介，遂入余幕任警察廳行政科長，時渠年方二十六歲。不久余辭職，渠以素從事郵政工作，復還舊業。二十一年余任安徽省政府主席，欲任以職，渠不肯往，乃畀以省府參議名義。此後余任貴州省政府主席及蒙藏委員會委員長，渠均在上海郵務方面工作，未能相從。及廿八年九年間，抗日戰事日趨激烈，戰事範圍亦日形擴大，渠乃避難赴渝，然仍未在蒙藏委員會內任職。

　　三十三年九月，新疆省政府改組，余任主席。渠因隨往，任省府秘書處科長。卅四年初新疆省貿易公司蘭分公司人事變動，以文叔姪為經理，渠為副經理，俾資協助。卅五年初調任文叔為新疆貿易公司上海分公司經理，所遺蘭州分公司經理一職，遂以渠遞補。同年夏，余辭卸新疆省政府主席職務，渠亦于秋間辭職東返。卅六年余被邀為上海中孚銀行董事長，文叔與渠均進銀行辦事。中孚銀行之附屬業務中有一中福公司，復以渠協助辦理，常往來于徐蚌京滬之間，洽營鹽斤之購銷事宜。

　　卅八年匪患猖獗，首都于四月廿三日撤守，上海隨之震動。余于大局無可挽救之時，只得在四月廿五日舉家飛台。渠以相隨日久，不忍遽離，乃毅然從余東行。

時交通已甚困難，渠無法偕眷屬同來。原擬到台略事
佈署後，渠再返滬接眷，不意滬戰突發，旋又陷匪，致
渠初願未償，一家分散。余來台後，初寓台北，繼遷台
中，渠均隨同居住。卅九年惟仁夫人率申叔遷居台北，
寓和平東路，渠亦隨遷該寓，以便照應。時余任總統府
資政之隨從秘書魯書先生未能來台，乃以渠報補，同時
並介紹渠與台北紗廠董事長趙志垚先生，承任以職員
月支薪津，至是渠之生活亦大安定矣。四十二年秋，
麗安因余常往來于台北、台中，火車勞頓，遂全部遷
來台北，住信義路九如新村，渠則仍住和平東路。凡
家務之經紀、費用之收支、函稿之撰擬、文件之收發均
由渠任之，數年來如一日。現當反攻大陸之機運日趨接
近，方期光復河山，再各重歸故里，享受人生應享之
樂。孰意天不假年，渠方屆五十五歲之年，竟未老而
逝，悲痛奚如。

　　四十五年三月廿八日（農曆二月十七日）為余七
十三歲生辰前一日，我于中午十二時四十分開會歸來。
惟仁老太太告我曰，曾先生今日起床較遲，行動不靈，
嘴已右歪。曾初不以為意，聞余歸來，仍照常來見，並
立廚房後門向馬路觀望（他素來歡喜立後門外望），似
若無病。稍頃午餐，我請他在房間用餐，他不肯，仍與
我及惟仁老太太共進午餐，一如平時，食飯一碗。嗣入
廁所，余立命工友周竹橋到廁所照料，迨大便後精神大
為狼狽，由工友扶持入房。不多時忽嘔吐，在曾入廁
前，余命車往接經常為余及惟仁老太太等診病之台北名
醫朱仰高先生來診，結果認係初步中風，右腦方面有小

血管破裂，血壓一百九十餘度。朱先生乃一方予以打針服藥，一方囑其安心靜養。余擬送渠至醫療治，朱先生謂暫以不動為宜，應俟至廿四小時後再定。渠打針服藥後，初尚良好，神智亦清，惟言語困難，致無一言之囑。忽又嘔土，時作時輟，吐出之物，均發酸臭，大抵皆酒之變化。及四時半復嘔紫紅血液，神志亦漸陷入混迷狀態。麗安覺其情勢嚴重，復車接朱仰高來診，以病情逆轉，應即送醫院療治。余于是再電請張壽賢兄來商，速向台大醫院商撥病床，並以救護車來接。適該院床位已滿，幾經設法，於下午七時送入醫院，壽賢及光叔、和純等隨往照應。先進急診室醫治，醫師環視，咸感棘手。蓋其內臟血管亦有破裂，百病叢發，挽救乏術。迄八十時四十分，乃竟不幸而長逝矣，壽賢、光叔、和純、祝毓均仍在側。

渠之遺體二十九日移極樂殯館，成立「曾伯雄先生治喪處」，由張壽賢、周昆田、蒯世祉、吳和純、刁抱石等董其事。因平日曾有死後火化之之語，遂商于三月卅一日上午十時大殮，隨即火化，並葬其骨灰於極樂公墓，以便其家人將來移葬大陸。同時以該治喪處名義，在中央日報登載啟事兩日（三月三十及卅一兩日）。及期一切即依上議程序辦理，素車白馬往弔之友好約百餘人。在大殮前，余曾親視其遺容，和善之狀一如生前。

四月一日上午十時，壽賢等檢渠之骨灰，盛於長約二尺高及寬均六、七寸木匣中，匣外髹以朱漆，邊刻曾秘書伯雄靈骨數字。檢裝完畢後，即由余與壽賢、維寧、光叔、應新、景明及壽賢公子奉至極樂公墓所在

地。極樂公墓塋塚壘壘，大都內地來台物化之人。余等擇定山之較高一處為伯雄建墓之所，靈骨則暫存于墓園內一石屋中，俟墓穴建成後再行下喪。迄四月廿一日墓成，因即以次日（二十二日）上午九時為之下葬之期。屆時余及壽賢、昆田、和純、抱石、景明、祝毓、光叔等偕同前往，於行禮後移靈骨入墓，隨即將墓封閉。渠之墓居于朱霽青先生墓之左下方（第一排第二位，第一位徐張蕙蘭、第三位唐少將光濤），林蔚文先生墓之左上方。墓形似方塔，內砌以磚，外塗水泥，上立石碑，陽面鐫「曾秘書伯雄先生之墓」九字，陰面鐫其生卒之年月日，均余親筆所書也。

伯雄性耿介而忠誠，與余相處如兄弟。凡余所囑，無論事之鉅細，均竭智盡慮而為之。然余有過失，渠亦婉言之下使余知所糾正，此對余之公私兩方裨助匪淺。渠與朋友交，一本吃虧之旨，絕不圖佔便宜，人有困難時，則出而幫忙，唯力是視。渠之體質本健，惟平日酷嗜菸酒，以酒當茶，菸不離口，雖履經勸告，亦均未悛改。逝世後，經醫師及多人之研究，認渠致命之由仍屬菸酒。嗚呼，菸酒之毒，竟使一善人不壽，良深痛惜。渠遺妻一、子一、女一，均陷在匪區。

伯雄治喪費用共計支付新台幣九千一百卅九元。

伯雄靈骨在極樂公墓安葬，其墓地居于朱霽青先生墓之左下方，第一排第二位。第一位徐張蕙蘭，第三位唐少將光濤。其墓道由林尉文先生墓一直向上，至朱先生墓。

4 月 29 日　星期日

一、上午十時參加本市吳姓宗祠春季祭祖。此新祠規
　　模宏大,因經費不足,工程尚未完成。

二、農民銀行經理翁之鏞先生嫁女,余親往道賀。

三、白健生兄午後三時半來訪,據云已寫好一封上總
　　統信,擬託總統府張秘書長代呈。因信中有一段
　　關于我二人請蔣總統復位,李副總統辭代總統情
　　事,故請我先看看這封信。此信大意是健生說他
　　在北伐剿匪(共)、抗日與擁護總統之經過,末段
　　說年來有特務監視他的行動。我答健生,你可先
　　與張秘書長談談,看他意見如何。查過去兩年,
　　健生亦向我說過有人監視。此次來說如何監視,
　　如何追蹤,活靈活現。究竟如何,我當于日內先
　　與張秘書長一談也。

4 月 30 日　星期一

　　何故上將芸樵(健)先生因患高血壓症,于四月廿
六日下午二時逝世,由我等為之組織治喪委員會。本日
下午二時三十分大殮,舉行公祭,由我與顧墨三、何雪
竹、黃少谷四人以中國國民黨黨旗覆棺上,隨即出殯。

5月1日　星期二

一、上午十時參加總統府月會，總統親臨主持，由立
　　法院張院長道藩報告訪問日本情形。

二、午後六時卅分，張秘書長厲生在自由之家招待紀
　　律委員會全體委員晚餐。交換黨紀一般意見，各
　　委員大多發言。末由張氏說明關于孫立人開除黨
　　籍，總裁事先之態度。

5月2日　星期三

一、上午十時十時參加中央常務會議，總裁主席。

二、惟仁老太太血壓又長，高至二百十度，低八十
　　度，仍請朱仰高先生診治。

三、本日由惟仁老太太出名，致香港大道中浙江興業
　　銀行林志芳先生信。請轉告曾夫人，伯雄先生已
　　于三月廿八日下午八時四十分，因患腦溢血，在
　　台大醫院不治逝世，並附治喪處啟事一則。曾先
　　生家信向來由林先生代轉者，其原信另錄。

5月3日至4日　星期四至五

　　【無記載】

5月5日　星期六

一、本黨從五月五日起，在台北市郊石牌舉行第七屆
　　中央委員會第七次全體會議，歷時四日，已于八
　　日下午圓滿閉幕。

二、蔣總裁三次蒞會致訓。在開幕典禮中提示，反攻

復國心理建設，進而建設台灣三民主義模範省，
及擴大海外對匪戰鬥力量，展開大陸反共革命運
動，實為當前黨務的中心課題。在閉幕典禮中，
復重申應加強心理建設，並期勉同志人人應盡到
自己職責，堅定信心，要能自助，才能得到人
助、天助。

三、從政同志口頭報告與書面報告都有內容，一反從
前空話。而大會決議案方面，較諸以前類似的文
件，都更為具體詳盡。對于財經，更認清過去許
多混亂觀念，尤其對于管制外匯很多指責，更多
指示改進。惟望本黨同致一致努力前進。

5 月 6 日至 9 日　星期日至三
【無記載】

5 月 10 日　星期四

參加七中全會接連四日，每日在會場要坐六小時，
往來台北、大直間又須二小時，因此頗感疲勞。今日
忽患腰痛，此皆坐的時間過久之故，亦是老年人應有
之現象。

5 月 11 日　星期五
【無記載】

5 月 12 日　星期六
一、午後出席小組會議，由何雪竹兄召集，地點在徐

次辰兄家中。

二、午後為故友楊普生先生公子楊泰吳證婚，女方吳
瑞英小姐，地點中山堂光復廳，楊老太太陸志堅
女士親自主婚。楊府係湖州望族，吳小姐係湖南
石門人。楊府曾與我家同住蘇州，當時楊公子初
生未久，今則已卅歲矣。

5 月 13 日　星期日

申叔最近致昆田函，住醫院三月無進步。又致世
祉、襄叔函，住醫院診治很痛苦云云。這是當然經過，
但望他忍耐一切，並覺悟過去的耽誤。

5 月 14 日　星期一

上午十時參加中央紀念週，張道藩報告親善訪日團
之經過。

5 月 15 日　星期二

茲囑光叔兒轉告庸叔兒下列幾句話。父親說：「你
到美國以讀書為唯一目的，更要在開始慎重選定大學院
系，以時間關係，萬勿中途轉系。希望你很順利讀完大
學，使老父歡喜，亦等于幫忙老父了。」

5 月 16 日　星期三

上午十時參加中央常務會議，總裁主席，討論名譽
博士學位授予條例草案等案。

5 月 17 日　星期四

今日農曆四月初八日釋迦如來二千五百年聖誕,並
迎請玄奘大師靈骨歸來建塔兩大因緣,由章嘉呼圖克圖
及余等啟建白傘蓋金剛法會,虔修佛頂金剛大法,護國
息災,福利眾生。設顯密壇場于台北市聖導寺,余於上
午九時前往敬禮。

5 月 18 日　星期五

陳烈士英士先生四十週年

民國四十五年五月十八日為陳烈士英士先生殉難
四十週年,又適逢八十冥壽,國民黨同志及各界人士在
台北實踐堂為烈士舉行紀念會。上午十時蔣總統向烈士
行最敬禮後,紀念會即開始,政府高級人員及本黨同志
陳誠等參加者四百餘人。推于右任老同志主席(七十八
歲),並致紀念詞。繼由我(七十三歲)報告陳先生殉
難史實,全文載中央日報,茲剪黏于後。這個口頭報告
在日報所發表者祗有四分之三,惟事隔四十年之久,我
又年老,回憶誠屬不易,尤其儘量避免自我宣傳與死無
對證的話,因此未便提出報告者還是很多的。例如比較
重大者,其中有:

一、薩坡賽路十四號房屋。我曾向陳先生說過,假如
　　袁世凱知道我們常在此地,他可不顧法租界外交,
　　派大批偵探打進來再說,我們如何。陳說要少來或
　　不來。熟知此次袁氏竟派大批偵探打進來了。

二、張宗昌在八個月前來見陳先生。我以張係土匪出
　　身,野性難馴。陳先生不但要見,而且要我同

見。熟知八個月後，陳先就在這個房間殉難。

三、在六個月前，我們同志姜雅庭（上海閘北警察分
局長）報告法租界尚賢堂附近有一個偵探機關（距
十四號不遠）。陳先生要我派員調查，確係偵探
機關，門上掛煤礦公司。熟知陳先生由王介凡、
李海秋介紹（我們都不知道），竟與該公司接洽
（宏豐煤礦公司）。陳先生竟【後缺】。

陳英士先生殉難史蹟　吳忠信在紀念會上報告
中央社訊

中央評議委員吳忠信，十八日在陳英士先生四十週年紀
念會上報告陳英士先生殉難史蹟，全文如次：

今天是先烈陳英士先生殉難四十週年，同時今年又
是他的八十冥壽，英士先生生前友好特發起在今天舉行
此一紀念會。英士先生的革命事蹟與功勳，見之於黨史
及各種記載，已非常之多，今天不能詳盡報告。本人謹
就他四十年前的今天殉難的情形，以當時身歷其境的一
人，向諸位報告。

在薩坡賽路十四號

陳先生，他的身體一向有腸胃病，在那一個禮拜，
沒有出門。到十七號這天上午，我去看他，他住在漁陽
里公館，這時候差不多十點半鐘，他聽說我到了，立刻
請我上樓去。他在床上躺著告訴我說：他的病好了，馬
上就起床來。一面穿衣服，一面和我談話。他說：「我
們的經費，現在已有辦法了，明天我就要去見客。」要
我約劉基炎及其他同志，明天下午在薩坡賽路十四號見

面。我現在要將薩坡賽路十四號的房屋，先給大家說一說，薩坡賽路在法租界，這個房子，是由一位日本同志山田純一郎出名租的，他家住在裡面，是三層樓，底下一層是客廳飯廳，第二層山田住家，第三層是辦公室，房屋的情形如此。到十八日這天下午大約二時，我就先到了薩坡賽十四號去等陳先生，我略等一會兒，陳先生馬上就到了，一坐下就和我說：「今天我來的時候，黃包車夫問我是不是到薩坡賽路去？我說是的。」我說這個不行，那個人恐怕是偵探。他說：「我也注意到了。」於是他就說現在要和劉基炎見面。我就去請劉先生來，與英士先生見面，就談山東革命的事情，預定在煙台發動。這時候劉基炎說要五千塊錢。陳先生要我去問廖仲愷先生有沒有錢？大家都知道，廖先生是本黨管財務的，在三樓辦公。當時，他正在和胡漢民先生、山田先生圍著下棋。我告訴他說，劉基炎先生要五千塊錢，陳先生要我來問您有沒有？仲愷先生說：「沒有錢。」我說，現在你有多少？他說：「只有五百塊錢。」我說，可否先給他拿五百塊，其餘的答應他以後再付。他說可以。就先拿五百元給我。我下樓去，就告訴劉先生：現在不巧，只有五百元，先給你，其餘四千五百元，以後再給。陳先生說：「這四千五百元，將來一定給你。」劉基炎說：「好啦。」陳先生還是和他談山東的事。這個時候，李海秋推開客門進來說：「陳先生，客人已經等了很久啦。」他說過這話，門一關就走了。英士先生就向我說：「客人來了，我們還不曉得。」我說：不知道你會什麼客？他說：「我會一個

煤礦公司的人。」他站起來，和劉基炎說：「我的話沒
有談完。請你同禮卿先生再談一談，等一會兒，我再同
你談。」就進去見客了。這時候，邵元冲、余建光、曹
叔實、丁景良等同志都到了，他們都是約定在這一天和
陳先生見面談話的。這時劉基炎說：「陳先生有事，很
忙，我先走了。」

前門後面均有刺探

那時，我們幾位同志正在客廳裡談話，一面等候陳
先生，都不知道見什麼客人。忽然聽著外面的門鈴響，
下女就去開大門，我開啟客房的門看看什麼人。距看見
一個人向陳先生房裡去，一個人在我們門口，馬上掏出
槍來打。我急忙靠著牆，沒有打著我，把下女耳朵打傷
了。同時陳先生在飯廳會客，那裡也有槍聲了。同時，
大門同後門，都有刺探佈置。一時，槍聲四起，秩序大
亂，刺客任務完成，就向外逃走！余建光喊著：「陳先
生已經死了。」這時大家就去追捕刺客，恰巧有一個刺
客，身體不好，跑不動，坐上黃包車。有一個工友，力
氣很大，他就將這個車子連車帶人，一齊推翻了，抓住
一個叫許國霖的刺客。當時除了陳先生殉國以外，還有
王介凡，已被亂槍打死（關於王介凡的事，後面還有報
告），丁景良同志肚子受傷，曹叔實同志左膀受傷，我
的左門牙撞掉了，做飯的廚子，手也受傷了。當時巡捕
房巡捕們也趕來了，將這個人帶去。後來巡捕房又逮到
一個人，叫宿振芳。那時總理孫先生到上海的日子不
久，聽到這個報告，立刻就來看英士先生，撫屍痛哭，
非常沉痛！現在總統蔣先生，於悲痛中將陳先生的遺

體，搬到自己家裡去，辦理喪事。中國人的習慣，只有把死人向外搬，我沒有聽說把死的朋友搬回家去。總統對朋友這種親愛的熱誠，這種超人的氣魄，令人感佩！以上所說的，是陳先生當時被刺的經過情形。我是當場的一個人，不能維護他，是我的遺憾！

張宗昌朱光明主使

其次，我要說這個案子的內容：據許國霖、宿振芳兩犯在法捕房供詞，以及我們事後調查的情形，此次暗殺事件，是由張宗昌、朱光明的主使，並派程子安、許國霖，在上海佈置。據兩個刺客說，鴻豐煤礦公司是個假的，完全是一個偵探機關，專門組織起來對付陳先生的。

陳先生為何要與鴻豐煤礦公司接頭呢？因為這個公司謊稱要拿出一塊礦地，向日本某公司抵押一筆款子，給陳先生作為經費。這個借約，由王介凡交李海秋轉給陳先生，約定五月十八日下午見面。由程子安率領許國霖等三人，及另一日本人，又說是兩日本人，偕同李海秋、王介凡到薩坡賽路十四號。當各人到達後，李海秋即推說忘帶合同底稿，須親去取來，海秋去後，兇手即衝進開槍。其時前門後面以及附近各路口，都有佈置，據聞動員二十多人，這個案子報銷了五十萬或說七十萬元。後來法捕房將許、宿兩犯引渡上海中國法院，那時上海是北洋派勢力，所以法院認為許、宿二人不是主犯，判處徒刑，這個案就算完了。

叛徒李海秋王介凡

現在再來說一說李海秋、王介凡、張宗昌這三個

人。李海秋是當時黨內很親信的人，許多祕密事，他都知道。王介凡也是黨內一個幹部，他們看革命前途渺茫，經不住敵人的利誘，終於叛變了。李海秋雖然被捕在法捕房不承認，後來北洋軍閥利用其他案子，終於把他槍斃以滅口。至於張宗昌，在辛亥革命時，本來是徐州土匪，經李徵五介紹，向陳先生投誠，給他一個營長。到了滬軍都督府取銷，張的隊伍開回徐州，因為他剿匪有功，就升他為團長。二次革命失敗以後，他又投降北洋軍閥，一直做到山東督軍，終於在山東車站被韓復榘殺掉了。陳先生殉難後十九天，袁世凱也暴死了，也可以告慰陳先生於九泉之下。

結論：我要說個結論：陳先生這次殉難的原因有三個。

第一、自癸丑二次革命失敗以後，總理即派陳先生負東南及長江各省革命的責任，其後還有肇和軍艦起義，殺鄭汝成，以及各處舉義，更使敵人受重大威脅，時時刻刻想除去陳先生。

第二、是二次革命以來，各項革命行動，用費過多。那時，黨的經費，萬分困難，不得不多方籌劃，所以才和鴻豐煤礦公司去接頭，想籌幾個錢，上了他的當。

第三、就是我們內部出了兩個漢奸，王介凡、李海秋。前面已經說過，不再說了。我要附帶說幾句話，軍閥時期的敵人，尚能滲透本黨，謀殺陳先生。現在共匪比四十年前的軍閥，不知要厲害多少倍，我們同志更要提高警覺，嚴防匪諜滲透。

革命精神長存

最後，要說一說陳先生的為人與革命精神：陳先生的革命精神是「意志堅定，百折不撓」。陳先生對同志的精神是「患難與共，疾病相扶」。陳先生雖死，先生的精神長存，我們應發揮陳先生精神，在總裁領導之下，再接再厲，消滅匪幫，完成反共抗俄大業！

5月19日　星期六

埃及承認匪幫

一、埃及十六日承認中共匪幫，我政府十七日正式宣佈與埃及斷絕外交關係，撤回駐埃及大使，我外交陣容大受損傷。

二、美國每日新文等報，對埃承認中共感感失望，認為美國決策者又遭一次冷戰失敗。須知用貿易策略，而不用大砲飛機，可以贏得冷戰勝利。

三、埃及承認匪偽，使蘇俄和中共在中東阿拉伯獲得立腳點，威脅阿拉伯聯盟其他國家。中共供應埃及軍火，擾亂中東和平安定，民主、共產均勢為之突破。這是給民主國家很大激刺，因此美國更加重視台灣。

5月20日　星期日

上午九時安徽國民代表在物資局禮堂集會，推我主席。我提出仍以上次選舉出席全國聯誼會代表連任，經表決多數通過。計有陳協五、溫廣彝、常法毅、王子步、胡鍾吾、章振綬、李國彝七位代表。

5月21日　星期一

上午九時中央在實踐堂舉行總理紀念週，我主席，給獎空軍少校李盛林，並致詞。茲將中央日報所載原詞黏于後。

李盛林忠勇護機　中央委會昨頒獎
吳忠信勉繼續努力奮鬥
中央社訊

中國國民黨中央委員會於二十一日上午九時在實踐堂舉行總理紀念週，由中央評議委員吳忠信主席。行禮後，即舉行頒獎典禮，以獎狀一面頒給空軍少校李盛林。吳委員並致詞稱：

「空軍少校李盛林同志，於一月三十一日駕軍刀機作海洋飛行訓練，返航途中，與敵人四架米格機遭遇。李同志憑其機智，憑其勇敢，憑其高度飛行技術，突出重圍，因機件發生故障，被迫降落香港啟德機場。

李同志座機在香港四十一天，終日守護，寸步不離，就是生病，亦不離開飛機，這種以飛機重於生命的精神，充分表現軍人應有之職責。

李同志向香港政府嚴正表示決心返回臺灣，並拒絕與外界接觸，不受任何誘騙。又恐引渡匪方，暗藏刀片，為必要時成仁之準備。這種高尚氣節，令人欽佩。」

吳忠信說：「我們只要有李同志不屈不撓的精神，則無攻不克，何敵不摧。中央為嘉獎李同志，特頒獎狀，請李同志繼續努力奮鬥，本黨有厚望焉。」

　　主席致詞後，由駐韓大使王東原報告，題為：「停戰後的韓國概況」。

美國試驗氫彈

　　本日（廿一）美國于太平洋中的比基尼島舉行氫彈試驗，由 B-52 轟炸機從五萬呎高空投下，在一萬呎高空爆炸。其威力相當于一千萬噸炸藥，又等四千萬個五百磅巨型炸彈，其光亮相當于一千個太陽。三十九哩外之觀測人員為之震懾。

5 月 22 日　星期二

　　中午招待陳益、江元仁、沈維經便飯，談談光甫先生老來處境。我主張對于家務暫維現狀，兩位太太一在港一在台，則光甫可以往來台、港兩處居住。美國人當前最重視台灣，此是以台灣為出發點，與美國交涉上海銀行解凍以及商業問題，是最好的機會。

5 月 23 日　星期三

一、今日常會停開，改開總動員月會。

二、我于三月廿一日注射「特補蓋世維雄」針劑，現已兩個月，覺得精神甚好。據朱醫意，仍主繼續注射，故今日再注射一針。

5 月 24 日　星期四

　　楊亮功、鄭通和、徐鼐、劉真公請駐韓王大使東原午餐，約我與寄嶠、伯度、逸周、鑄秋等作陪，都是安

徽同鄉。王大使軍人出身，深通政治，頗有應變才，亦
安徽不可多得之才也。

5 月 25 日　星期五

一、主持紀律委員會第四十六次會議，通過例案多
　　件。下午三時。
二、駐法國段茂蘭代辦大使來函云，申叔以曾秘書病
　　故，擬返國照料家務。
三、午後至黨部醫務室量血壓，高 124，低六十。惟仁
　　老太太昨日在衛生所量血壓，高 160，低七十。老
　　太太從來如此正常血壓，恐量血壓的表不準確。

5 月 26 日　星期六

　　淡江英專舉行淡水新校舍覺生圖書館落成典禮（覺
生就是老友居正先生），董事長覺生兄女公子瀛久，校
長覺生兄公子浩然。該校背山，面臨淡水河，風景爽
美。居先生有此子女，可安慰于九泉。下午五時出席小
組會，由我主席，地點仁愛路上海銀行總管理處。

5 月 27 日　星期日

　　駐韓大使王東原本日午後返韓國，我于上午到王寓
所送行。

5 月 28 日　星期一

　　蔣總統答復美記問，埃及承認匪共以後，中東局勢
將更惡化，美、英、法應捐除歧見，謀有效對策。我迄

立不搖，乃匪共唯一致命傷。埃及隨時可以威脅西方國
家在歐、亞、非三洲主要交通，比之中埃絕交更為重
要。埃及是歐、亞、非三洲橋樑，俄帝建立了埃及基
地，也就掌握了地中海與印度洋之間的關鍵。世界和平
關鍵在亞洲，亞洲問題根源在中國，中華民國反攻大
陸，光復失地，才是世界永久和平的保證。

5月29日　星期二

　　曾于三月廿六日將世祉履歷交省主席嚴家幹先生，
擬在銀行界為世祉謀一位置，本日台灣銀行已發表世祉
為該行代理秘書。世祉原習銀行，今以所習得其用，甚
為合理，深感陳運生、虞克裕、周昆田諸同鄉幫忙。世
祉一俟漁管處專員辭去，即往台行就新職。

5月30日　星期三

　　上午十時參加中央常務會議，總裁主席。通過幹部
制度大綱。總裁指示建立台灣反共抗俄基地，必須樹立
法治精神。又說在大陸失敗所犯毛病，在台灣未能改
去。又云凡破壞經濟，提高物價，必嚴辦。

5月31日　星期四

　　【無記載】

6月1日　星期五

　　李先良兄赴美考查市政出境證既經保安司令部頒發，赴美護照又經美國領事簽證，因此各種手續均已辦妥，擬本月中旬飛美。先良兄經三年之久，終能得赴美目的，其忍耐心非一般人可以做到者。

6月2日　星期六

　　上午十時參加總統府六月份國父紀念月會，蔣總統親自主持，周秘書長至柔報告訪美經過。

6月3日　星期日

　　蒯世祉既發表台灣銀行職務，深感該行董事長張滋愷先生、總經理王鍾先生的關照，本日上午偕虞克裕兄前往道謝。

6月4日至5日　星期一至二
　　【無記載】

6月6日　星期三

一、上午十時參加中央委員會常務會議第二七八次會議，總裁親臨主持。

二、午後二時徐道鄰世兄來告，端木愷（鑄秋）世兄的老母唐太夫人，于本日上午八時半無疾而逝，太夫人享壽八十有九歲。我即偕道鄰往端木寓所慰問。鑄秋父親端木璜生先生（號漁濱）係余于滿清時在江南第九鎮老同事，人極忠厚，彼此感情甚篤。

6月7日至8日　星期四至五
【無記載】

6月9日　星期六

一、端木老太太昨日午後六時大殮，今日上午設奠受弔，正午十二時請余點主，禮節甚為隆重。老太太兒孫滿堂，可謂福壽全歸。蔣總統頒「彤管揚芬」橫匾。

二、午後五時半出席小組會議，地點在重慶南路張岳軍兄家中。

6月10日　星期日
【無記載】

6月11日　星期一

上午十時到大直國防大學參加總理紀念週，總裁親臨主持。

6月12日　星期二　端陽節

一、今年端陽節不及往年熱鬧，尤其是內地來台的人，生活日漸困難，反攻大陸遙遙無期，內心甚為煩悶。

二、上午十時參加中央常委員會第二八〇次會議，總裁主席。張秘書長厲生報告教育思潮，「一般學生對本黨不瞭解，對政治不滿意，甚至某刊物有你們要反共抗俄，我們要民主自由。」總裁說這種

說法可能是共匪，亦可能是受共匪宣傳影響，必須查究。我們革命是靠軍隊與教育，黨的幹部與軍隊幹部不知幹什麼，都不能盡責，照這樣反攻還有有何希望。總理曾經向我們說過，中國雖落後，可以迎頭趕上，照現在看來，不知革命成功在那一年了。又說我（蔣）活在一年盡一年責任而已，非常感慨。我從來未有聽過總裁說這樣悲觀的話。

6月13日　星期三

沈維經男公子與張廷休女公子在美國結婚。本日午後七時，維經、廷休設宴招待親友，我往參加，非常熱鬧。

6月14日　星期四

批復申叔函

六月十二日收申叔五月七日深夜自巴黎來函，據云身體很好等語，我們閱後非常快慰。查這封航空信是六月八日付郵，他誤寫五月乃是筆誤，但深夜不睡，我是很不贊成的。故于本日將來信批回，文曰：

函悉甚慰。深夜不睡，是你一切不進步根本原因。務必改良生活習慣（身體自然會好），多讀書，多練字，更要明白主觀重、幻想深是有害前程的，希勉之。

父批　六月十六日

申叔既無學術，亦無經驗，既不知己，亦不知彼。為人本性雖善，但做事缺點太多。自昨年經美國赴南美，再

由南美經美國回巴黎，種種行為使我失望，不能幫助我，反而拖累我。

6 月 15 日至 16 日　星期五至六
【無記載】

6 月 17 日　星期日
接見孫立人將軍

孫立人將軍本日午後四時來和平東路寓所與我見面，這是昨年九月十九日余出席調查委員會（陽明山）詢問孫氏後首次見面。據孫氏云：

（1）擬後日（十九日）赴台中居住，特來辭行。

（2）既經開除黨籍，黨證即應交回，但該黨證向由隨從陳參謀保管，現不知陳在何處。

（3）談他父親生前遺著，使他很多反省，有益身心。

（4）請余今後多多指教。我答孫曰：

　　（一）古人云止謗莫若自修。

　　（二）到台中後應閉門讀書，少見客，見客少說話，尤其讀四書與本國歷史。

　　（三）我兩次失敗乃是我最大成功。第一次民國二年革命失敗，亡命日本，得進政法學校習政治經濟。第二次是民國十一年在廣東無故被迫下野，居蘇州四年，得讀本國古書，如周、秦諸子以及歷史等等，有不可想象之收獲。所以現在能立于人群者，兩次讀書之結果。

（四）你最近得子，我們代你歡喜，而夫人持齋
　　　拜佛，更可使你安慰。

6月18日至19日　星期一至二
【無記載】

6月20日　星期三
一、上午十時參加中央常務會第二八二會議，總裁親臨
　　主持。決定由馬步芳組織民間回教團體，前往麥
　　加朝聖大典。
二、李先良兄本日午後五時半起飛赴美國，我與光叔
　　于午後四時半到四時半到機場送行。李氏出國接
　　洽數年之久，其中經過非筆墨可以形容者，今能
　　最後成功，深信忍耐精神非一般人可以忍耐者。

6月21日　星期四
　　冷戰中民主國家在中東、近東都失敗，我國形勢大
受損傷，大有「山雨欲來風滿樓」之情勢。我們必須內
部堅強團結，才可應付將來急風暴雨。茲將西方觀察家
指出中共勢力侵入中東新聞一則黏于後。

西方觀察家指出
中共勢力侵入中東　對西方國家極不利
合眾社英國倫敦十九日電
　　美聯社特派記者加特綜合報導：當此蘇聯繼續支配
中東之國際關係之際，此間有資格之觀察家指出中共在

阿剌伯世界之活動，亦大堪注意。權威泰晤士報指出：
自一九五五年萬隆會議以來，中共即展開活動。觀察
家認為中共活動已收大效，于本年五月，比即埃及正式
承認中共而撤銷承認中華民國政府是也。在外交承認之
前，中共與埃及已進行勾結。如去年雙方之訂立商約，
及今年二月埃及青年代表團訪中共區，與埃及設商務專
員于北平，而三、四月間中共之回教協會主席率文化代
表團訪埃，訂立文化協定，又有貿易代表團訪埃舉行開
羅中國商展，而中共與蘇丹亦有同樣接觸。

此間觀察家認為，將有「開羅、北平軸心」出現，
利用廣大地區之民族主義精神，大事活動。而第一個大
攻勢，則可能在聯合國下屆大會，由埃及等阿剌伯集團
國家要求容許中共僭取聯合國席位。據官方人士告合眾
社稱：英聯聯邦總理會議，本月廿七日開會，亦將討論
此事，印度總理尼赫魯之意■，將大受注意。

按蘇聯首領去年十二月訪印時，已宣稱印度為第六
大國，此間觀察家則認為：「開羅──北平軸心」可能
係對抗或配合「莫斯科──新德里軸【後缺】。

6 月 22 日　星期五

陳光甫兄本日午後四時四十分由香港飛來台北，我
到機場歡迎。他係本年一月廿九日飛往香港的。

6 月 23 日　星期六

一、本黨中央候補委員、立法委員劉聖斌先生，本月
　　廿一日上午五時許，因患腦溢血症，在台大醫院

逝世。本日（廿三）上午九時卅分在極樂殯儀館大
殮，余偕張壽賢兄前往弔唁。

二、下午五時卅分至徐次辰公館出席小組會議。研究
如共匪得參加各種國際會議，我們將持何種態度
為宜。多數意見是「如政治性國際會議，共匪參
加，我們不參加。如社會性（民眾性）國際會議，
如必須參加者，我方可以考慮。」

6月24日　星期日

上午九時到北投訪陳光甫兄，他說上海銀行在美凍
結存款，有解凍希望，又說大太太在香港無人照料。

6月25日　星期一

上午十時到陽明山參加總理紀念週，總裁主席，並
訓話。大意：（一）美國人辦事有重點，分配時間很準
確；（二）我們要注意教育與司法，尤其有地位人不要
干涉司法。

6月26日　星期二

今日中央常會停開，改開總動員月會。

6月27日至28日　星期三至四

【無記載】

6月29日　星期五

一、老同志國民大會代表楊愿公先生病逝台北醫院。

本日上午九時大殮，九時半舉行公祭。余參加治
喪委員會公祭後，國民大會聯誼會公祭，余任主
祭。楊氏廣西容縣人，享壽七十三歲。

二、下午三時主持紀律委員會會議，通過例案多件。

三、在黨部醫務室量血壓，高的一百廿四，低的六
十。在最近三數月血壓大致如此，比余從來血壓
在一百以內外者，總算大有進步。

6 月 30 日　星期六
周匪恩來發表和平讕言

周匪恩來于六月廿八日在北平偽人民代表大會發表
願與我政府直接談判和平，並希政府派遣代表，指定會
談地點與時間。其演辭中更作挑撥中美感情之簧鼓，
說美國之實力不足恃，其合作亦不可靠，而「引狼入
室」，將遺無窮之後患。周匪演辭以世界現勢報告為
題，強調一年以來世界局勢之緊張已漸解除，中立主義
日在抬頭，責難美國不肯放棄其冷戰政策，「實為和平
實現之障礙」。周匪並稱願接受美方要求，聯合發表雙
方放棄使用武力之宣言，惟不包括台灣在內。這是分化
中美關係，我政府某權威人士粉碎共匪陰謀，並提出自
新五條件：（一）將俄寇全部驅出大陸；（二）取消集
體農場，將土地交還農民；（三）將所沒收工商業財
產，交還于原有業主；（四）解散集中營；（五）取消
偽政權，效忠中華民國政府。共匪如能做到前列五點，
則國民政府或可考慮其贖罪機會，否則所謂直接談判，
全是無恥漢奸謊言。

社論　共匪又彈「和平」濫調
中央日報　中華民國四十五年六月三十日

　　本月二十八日，周匪恩來在偽「人民代表大會」發表冗長的政治報告，並對我們中華民國大唱其「和平」濫調，要求我政府派遣代表和共匪重開談判，用「協商」方式解決所謂臺灣問題。共匪這一行動，早在我們預料之中。本報六月二十二日的社論，曾明確指出：「共匪對於我中華民國反共抗俄基地臺灣，既不敢武力作戰，必將繼續推行其政治作戰，並且大肆宣傳其和平協商，妄冀從我們內部來瓦解我們堅強的壁壘，同時從我們外部來分化我們的國際陣線」。二十六日的社論，再度揭發俄帝的「和平」戰術，說明「今日共匪替俄帝來執行他東進的任務，他的侵略鋒刃是指向西太平洋的鏈島防線，而以我們中華民國反共抗俄基地臺灣為其關鍵」，並促使我們反共陣營與愛國人士，不要對共匪的和平戰術存什麼幻想，有什麼錯覺。現任周匪果然對我們發動了「和平」功勢，散布了「協調」的讕言。

　　我們所以早就斷定，共匪必然大肆宣傳「和平」「協商」，是因為我們深知朱毛匪幫完全是俄帝的附庸，一切行動都追隨俄帝，惟莫斯科主子之命是聽。俄共既變本加厲的施展「和平」戰術，發動笑臉攻勢，企圖在自由世界引起「和平」幻想與錯覺，以鬆弛自由世界的反共努力，瓦解民主陣營的反共力量，而且不惜鞭史達林之屍，宣佈「解散」共產國際情報局，「撤銷」俄境全部集中營，「裁減」軍隊一百二十萬人，以求達到他們斯騙的目的。俄酋惟恐其全面和平攻勢的騙局被

揭穿，必然命令全體嘍囉，跟著克里姆林宮的音樂跳舞。德共之叫囂協商統一東西德，韓共之叫囂協商統一南北韓，越共之叫囂協商統一南北越，與共匪之叫囂以協商方式來解決所謂臺灣問題，都是俄帝全面「和平」攻勢中的同一步調。

共匪深知，蔣總統所領導的自由中國，是匪偽政權的致命傷，絕對不可能與他們並立共存的。自由中國的屹立不搖，力量不斷強大起來，終必與大陸人民及海外僑胞的反共抗暴運動打成一片，摧毀俄帝傀儡的暴力統治。所以，朱毛奸匪處心積慮，千方百計以求達到消滅自由中國的目的。他們最初在宣傳上對臺灣一字不提，希望使大陸人民把臺灣忘記，死心塌地作共匪的順民，但共匪的魔掌終掩不住大陸人民的耳目。在共匪侵韓戰爭期間，不但大陸人民紛紛發動反共抗暴鬥爭，迫使共匪不得不早日結束韓戰，而匪軍俘虜中一萬四千多名反共義士的重回自由祖國懷抱，更使共匪受到慘重的打擊。共匪鑒於臺灣的存在與不斷強大，是他們傀儡政權的致命威脅，所以在侵越戰爭休戰後，立即叫囂「武力解放臺灣」。可是，自由中國軍民在我政府領導之下埋頭苦幹，已將臺灣及外圍島嶼建設為一個堅強的堡壘，且與美國締結共同防禦同盟，成為西太平洋集體安全體系中最鞏固的一環。共匪既不敢從事軍事冒險，俄帝又令他們改變策略，將「武力解放臺灣」的口號，變為「和平解放臺灣」。現在，俄帝又令共匪放出用協商方式來解決臺灣問題的煙幕，以配合莫斯科對自由世界的和平戰術。這不僅再一次證實，共匪完全是俄帝的侵略

工具，而且說明共匪業已黔驢技窮，心勞日拙。

　　三十年的苦痛經驗告訴我們，在俄帝共匪的詞典中，武力是戰爭的手段，和談也是戰爭的手段。共匪既不能用武力進攻我們，只好用和談來軟化我們，分化我們。因此，我們海內外軍民同胞和盟邦友邦的有識之士，就應該特別提高警覺。敵人越要軟化我們，我們越要堅強；敵人越要分化我們，我們越要團結，萬不可對俄帝共匪的和平宣傳存任何幻想。惟有我們更加團結和更加強大，纔能予俄帝共匪以更大的打擊。中華民國政府為全國人民所擁護，為世界大多數國家所承認，所以臺灣絕無問題，只有大陸纔成為問題，今天需要解放的不是臺灣，而是被俄帝侵陷的中國大陸。光明與黑暗，自由與奴役，民主與極權之間，根本無和平共存之可言，只要中國大陸尚有尺地寸土被俄帝蹂躪，尚有一個同胞受共匪奴役，我們反共抗俄的革命鬥爭決不中止！

7月1日　星期日
【無記載】

7月2日　星期一
上午十時到陽明山革命實踐研究院參加總理紀念週，典禮在新落成禮堂舉行。該禮堂可容一千五百人，氣象光昌。台灣省主席嚴家幹在紀週報告台省農林水利，甚為詳細。

7月3日　星期二
波蘭工人暴動

波蘭波斯南城工人三萬餘人，上月廿八日掀起抗暴運動，遊行示威，撕毀共黨紅旗，要求「麵包」與「改善生活」。共黨政府以殘暴手段鎮壓，出動坦克車，開槍射擊，當日死亡卅八人、傷二百七十人，至廿九日仍未平息。這件事影響俄國前途甚巨，亦是共黨喪鐘。

7月4日　星期三
上午十時參加中央常會第二八五次會議。

7月5日　星期四
美國副總統尼克森昨日在菲律濱發表演說，其要點有珍視自由國家，決不同情中立主義。警告中立國家與共產相處，宛如與魔鬼共餐，任何接觸皆係可怕的冒險。斥共黨厚顏無恥，從事現代慘酷殖民主義。

7月6日　星期五
【無記載】

7月7日　星期六
一、今日乃入夏以來最熱之一日，室內九十五度。
二、午後五時半出席小組會議，係由朱家驊同志招
　　集者。

7月8日　星期日
　　美國總統艾森豪私人代表尼克森副總統訪問中國，
於昨日午後十時卅分由越南飛抵台北，帶來艾森豪致蔣
總統親筆函。提出堅強保證繼續支持中華民國，推崇蔣
總統領導反共之成就，中美協力同心，任何困難皆可解
決。尼克森副總統本日午後離台飛往泰國，尼氏離台前
斷然宣佈，反對北平匪入聯合國，美國立場堅定不移，
杜納斯國務卿與周匪恩來決不會會談。北平與莫斯科一
丘之貉，祇聞其言，未見其行，共黨侵略本質未變。人
家雖如此說，我們自家要大覺大悟，自家努力及團結。

7月9日　星期一
　　上午九時到中山堂參加聯合紀念週，財政徐部長報
告當前財政。

7月10日　星期二
一、上午十時參加常務委員會第二八七次會議，總裁
　　主席。第六組報告「大陸最近匪情」，各委員以

偽人民代表大會周匪恩來和平攻勢為中心加以檢
討，紛紛發言。歸納言之，此項攻勢，不外孤立
美國、瓦解台灣。最後總裁指示，各委員研究對
策，注意九月十五日匪黨代表大會，可能接受美
國對台灣主張匪黨放棄武力解台灣，並釋放十三
名美國人民。

二、立法院張院長道藩今日六十大慶，余于上午偕壽
賢到張宅慶賀。

7月11日至14日　星期三至六
【無記載】

7月15日　星期日

申叔一個多月不來信，究竟回國與否，令兩老人掛
念。他究竟想什麼，幹什麼，身體究竟醫治如何，我們
都不知道，殊屬不成話說。由彥龍再去信詢問。

7月16日　星期一

八名反共匈牙利人拚死起義，于十三日在匈牙利上
空浴血奪機，飛奔自由，並在空中擊斃共黨警察及反抗
份子七人，降落西德要求政治庇護。西德決予允准。其
他十名乘客，將聽其自行決定行止。自俄共第二十屆大
會清算史達林，反對史達林獨裁，改為集體領導，嗣又
解散國際情報局，因此俄國以及東歐附庸國家之政治大
感不安，紛紛要求增加工資與生活改善。首先有俄國的
喬治亞之騷動，繼之波蘭的波斯蘭城三萬工人大暴動，

撕毀共黨紅旗，死傷三百餘人，現又有匈牙利義士奪飛
機奔自由之事件，這都是普遍發生革命運動。共黨帝國
之崩潰，和極權暴政之毀滅，不只是可能，而且是可實
現的（附註喬治亞省府第夫里斯抗暴運動，被殺者達百
人之多）。

7月17日　星期二

【無記載】

7月18日　星期三

上午十時參加中央常務會議，討論歡迎曾到大陸匪
區參觀僑胞回國觀光團實施要點。又討論擬具香港方面
具有領道資望之工商、文教、新聞界來台密商對匪在港
「統戰」陰謀案。這兩案很難辦、很複雜，有關政策
問題甚多。各委員紛紛發言，意見未能一致。結果原
則通過，再由各主管單位研究其他問題，如邀請來台名
單等等。

7月19日　星期四

【無記載】

7月20日　星期五

美國有幾件重大決策事

一、美國眾議院以三七一票對零票，全體通過決議，
重申堅決反對中共加入聯合國，昭告世界美國對
此問題舉國一致。警告中立販子及共黨，勿想在

美國國會休會後，以及十一月美國大選之際，玩弄「勒索把戲」，圖使侵略者混入聯合國。

二、美國遠東及太平洋防務由史敦普海軍上將統一指揮，聯合統帥部由日本移駐韓國。自第二大戰以來，由陸軍將領指揮遠東部隊局面，至是完全改變（這是對遠東政治與軍事配合）。

三、艾森豪總統今日（二十日）飛往巴拿馬參加美洲各國總統會議，顯示美洲各國各作。

四、美國對埃及重大政治表示，取消援助埃及興建尼羅河大水壩。杜納斯務卿與埃及駐美大使談話後，發表此驚人聲明。美國決打擊埃及，可能影響埃及總統納瑟領導地位。埃及與蘇俄與中共勾結，破壞美國在中東計劃，又一面與南斯拉夫總統狄托、印度總理尼赫魯唱議第三勢力的中立路線。美國已經申明，如果中立國雙面討好，美國決不去「購買」他們的友誼。凡民主國家應拋棄騎牆投機國家，分清敵我，能回頭的當然歡迎，不肯回頭乾脆讓他過去，這是擊破中立主義基本方針。

五、美國喬治亞歌舞團來台北，團長要與我見面。美國喬治亞理工學院（庸叔兒現在該院讀書）組織學生歌舞勞軍團，由赫伯德教授任團長，共團員二十六人，內理工學院男生十名，其他女生十數名，係喬治亞洲各校挑選者。該團于二十日上午抵台北，即到駐地表演，晚間在中山堂表演，招待中國軍人。我于本日（二十）午後五時半接赫伯德來電話，吳庸叔現在理工學院讀書，因此赫氏很希望

與我見面一談。我因兒子在該院讀書，亦只得與赫
氏一晤。故于晚八時偕光叔，並請龔理科先生任通
譯，往訪赫教授。祇因該團決定九時表演完畢，九
時半就要離台北，以時間匆促，不及細談，並託赫
氏關照庸叔。惟見該團男女學生彬彬有禮，態度和
靄，而身體尤為強壯，非中國一般青年可以比擬
者。我自來台七年有餘，以無必要與外人接觸，此
次與赫伯德晤面，乃係第一人也。

7月21日　星期六

一、上午十時請朱仰高先生量血壓，高一百十五，低
　　六十五，心臟甚好。朱仍主張注射蓋世維雄。

二、午後五時半到王雪艇公館出席第十三次小組會議。

三、同鄉陳銳夫先生四公子運文與劉兆璸次女公子秉
　　青在台北鐵路招待所舉行訂婚典禮，請我與金幼
　　洲作證。所有賓客大多合肥同鄉。我于訂婚書蓋
　　章後，即先告辭（下午七時半）。

7月22日　星期日

一、上午偕麗安回看薛繼壎、譚繼純（繼雅妹）及蔡秉
　　倫夫婦。適繼純生子方三日。

我空軍在馬祖揚威

　　中國空軍的雷霆機隊和軍刀機隊，于昨日（廿一）
在保衛馬祖領空戰鬥中，擊落匪米格機四架，擊傷匪米
格機兩架。創下中國空軍一頁光輝歷史，更創下中國空

軍雷霆式 F-八四型機擊落匪米格機十七型之輝煌紀錄。

7月23日　星期一

　　上午十時到陽明山革命實踐研究院參加總理紀念週。適研究院第七期學員結業典禮，總裁親臨主持。在紀念週中，總裁嘉勉日前空軍七位戰鬥英雄。總裁說，這次閩海空戰中，擊破匪機在數量上及性能上優勢的力量，實踐了以少勝多，以一當十革命戰術思想。總裁並向參加紀念週各官員介紹七位英雄。

7月24日　星期二

　　「蘇俄說謊」，取銷前允助埃及築水壩。埃及處境困難，究由自取，中立窮途。

每日談　中立主義的窮途

　　正當尼赫魯、狄托與納塞三「捐客」在布里安尼島開會完畢，發表所謂中立主義的荒謬聯合宣言之時，美國國務院突然聲明，撤銷協助埃及籌建阿斯萬水壩的建議，而英國亦在美國影響之下，作此同一表示。這是民主集團對中立主義從縱容到打擊的一個轉捩點，對今後世局的發展，有極大影響。我們對美國的斷然行動，曾大聲喝采，認為這是一個防止中立主義繼續蔓延的一個最有力措施。

　　接著，俄帝外長謝彼洛夫在莫斯科答覆記者詢問，表示俄國並未認為以財力支援埃及興建水壩，是一項迫切問題，把過去的承諾，推得一乾二淨。納塞那個狡猾

的狐狸，原想利用中立姿態，兩邊敲詐，左右逢源，現在卻落得個兩頭落空，左右都不討好，真是大快人心。

納塞今日的處境，勢同騎虎，已經很難有轉圜的餘地。我們不易希望埃及會在納塞本人手上從新回到民主集團的陣營。但，納塞政府既已遭逢失敗，失去了美俄雙方的支持，它在國內的地位，勢必趨於動搖。過去，伊朗的人民可以推翻莫沙德政權，埃及的人民今後也可能把納塞政權拋棄。民主集團不會永久的喪失了埃及，它還是會回來的。

再則，其它想走中立路線的國家，看看埃及的榜樣，多少也應該安分一點了。它們應能看出：美國已不是從前那樣的願意拿金錢來購買友情，要獲得美國的支持，必須自己有鮮明的立場，斷然與侵略勢力絕緣。它們也應能看出：俄國是不會真正給予任何援助的，它不僅沒有這樣的意思，同時也沒有這樣的財力。與俄國打交道，不損失一些，已屬萬幸，要取得一些，那簡直是夢想。一般逡巡於歧路上的國家，有了此種覺悟，以後就不會再三心兩意。

美國過去是惟恐有些國家要投向俄帝懷抱，才不惜以種種方法，從事拉攏。美國想不到這正好鼓勵了投機。現在美國已大澈大悟，發現對付投機分子的最佳辦法，莫過於讓他們到俄國那邊去嘗嘗滋味。這真是一個偉大而智慧的發現。美國今後的外交，大致仍將遵循此一方針，不再徬徨動搖。現在，我們看到此一新戰術的運用，已經獲得初步成果。納塞之投機，結果是把自己弄得狼狽不堪，今後當更要走入窮途末路。這難道不是

一個很大的教訓嗎，足以驚醒一般中立主義的迷夢嗎？

7 月 25 日　星期三

一、上午十時參加中央常務委員會第二九一次會議，
　　討論「第二期台灣經濟建設計劃應採方針案」，及
　　討論「四十四年度大專及高職畢業學生就業考試及
　　分發就業問題案」。

二、總裁于廿三日星期一在陽明山革命實踐研究院訓
　　話，結語有幾句很重要話，特補錄之。「自私觀
　　念，本位主義，派系鬥爭」，總裁又說挽回上項
　　毛病，只有「統一領導，主管負責，分工合作，聯
　　繫協調（協調要有中心）」。總裁上項指示確是事
　　實，如黨政軍都能切實奉行，則一切救國事業乃
　　指顧間耳。

7 月 26 日　星期四

　　友人邱昌渭先生因患腦溢血症不治，于廿四日晨八
時十分逝世，自發病時至去世時，先後不過六小時而
已。邱（字毅吾）五十九歲，湖南芷江人，曾獲美國哥
倫比亞大學博士，回國歷任大學教授、廣西民政、教育
等廳長。在李德鄰任代總統時，邱任總統府秘書長。現
任光復大陸設計委員會秘書長。

7 月 27 日　星期五

　　午後四時在台北賓館主持紀律委員會第四十八次
會，並于會後招待全體委員以及本會同仁晚餐。

7月28日 星期六

中東暴風雨

埃及總統納瑟悍然宣佈佔奪蘇彝士運河管理權，報復美、英撤銷援助建水壩，並立即宣佈蘇彝士為軍事區，這是埃及近代史最大膽行動。英、法嚴重抗議，反對埃及片面行動，要求對一切後果負其全責，納瑟拒絕接受英、法抗議，英國會主張以武力對武力。納瑟冒險行動，可能由俄國背後指使者。納瑟演說對西方充滿惡毒攻擊，要發阿拉北世界從大西洋到波斯灣，埃及認為運河事件不容國際干涉者。

英首相艾登指出蘇彝士運河收歸國有，不僅對盟邦船舶航行該運河的可能威脅，而且也是對近東其他國家的誘惑，誘使他們效埃及榜樣。

此事如此嚴重，世界重視，且看下回分解。

美國務卿杜納斯表示埃及佔運河行動，實予國際信心一慘重打擊。美國所提抗議書，遞交埃及駐美大使，竟予拒絕。

蘇彝士運河是東西方生命線，每年經過運輸的貨物，百分之六十為石油，如運河受阻，則西歐各國油源將斷絕。

蘇彝士運河情勢嚴重，美、英、法三國在倫敦會議發表聲明「航行自由必須確保」。英、法主張「組織運河國際管制委員會」，要求美國同意採強硬對付手段，美國在考慮中。

埃及色屬內荏，原擬禁止使用英鎊，發出命令又告撤銷。

　　埃及當政者如不野心勃勃，玩弄權術，誠心誠意與
西方合作，爭取援助，則阿斯萬水壩工程亦可以在預定
年限完成。但納塞多慾滋事，勾結俄共，于是原圖左右
逢源的埃及，便兩面撲空，因此強佔運河，藉以掩飾其
重大失敗。

7 月 29 日　星期日
　　【無記載】

7 月 30 日　星期一
　　蘇彝士運河美國主張國際共管。埃總統納瑟公開表
示，願與西方協商，保證維護自由航行，可能向妥協方
面走。英首相艾登通知美國國務卿杜納斯，英、法準備
使用武力，英已下令三軍作最大應戰準備。美支持英
國英堅定措施，但對使用武力持保留態度，此乃英、法
一種資態而已。納瑟受中立主義影響，又上了俄國人的
當，妄想做阿拉伯領袖，乃是天真到極點。與其謂為
英、美撤銷經援所激成，不如謂為英、美縱容中立主義
的結果。納瑟輕舉妄動，其政治生涯已走到最高峰，在
不久將來就要走入山谷了。納瑟總統採取政治路線，勢
將被蘇俄利用，而有利于共產勢力在中東發展。我國為
爭取自由、獨立、平等已奮鬥數十年，所採方法都是以
和平手段，從來沒有用過暴力。

7 月 31 日　星期二
　　【無記載】

8月1日　星期三

匪軍侵緬

　　大陸匪軍侵入緬甸境，緬甸政府緊急集議，指責共匪違反「和平共處」原則。東南亞公約國家均表重視。

　　中緬接壤的崇山峻嶺一向沒有明顯界線，因此中共藉口邊界尚未劃定，侵入六十英里。這是對緬甸等國妄圖中立，投機取巧一項警告，粉碎共存迷夢。緬甸有陸軍七萬五千人至十萬人，還有少數空軍，其政治非常落後。

　　緬甸本為我國藩屬，自一八八六年全部淪于英國後，一九四八年脫離英國正式成緬甸聯邦共和國。

　　緬甸人性情溫良，不知進取，溺於迷信，怠惰苟安。

　　緬甸自非東南亞反共公約集團，所以孤立無援，而英國正有事于中東，更無暇顧及緬甸。夢想與匪談判，乞俄斡旋，都是引狼入室，所有媚匪親俄中立分子，應猛省。

8月2日　星期四

颱風襲台

　　強烈（萬達）颱風昨（一日）晨轉變方向，其邊緣已到福州。但台灣北部已因此一颱風帶來狂風暴雨，低窪地區盡成澤國，溝渠不通，到處淹水（足見市政腐敗），因而受到不少災害。無數建築物及人民財產損失，即以台北一市而論，無家可歸者即達萬人。所幸颱風昨晨進行轉變，使本省離開颱風中心，也使本省避免

可怕的嚴重災害。

我家信義住宅，牆籬亦為烈風吹倒，特親往裕台公司，請胡董事長、洪總經理派員修理。因這所住宅係裕台公司產業，歷年小修都由我自行負責，此次工程較大，故請公司修理。

8 月 3 日　星期五

上午十時參加總統府八月份國父紀念月會，陳副總統主席。外交葉部長公超報告訪問泰國、高棉兩國經過情形。據葉云泰國尚在反共，而高棉確與共匪勾通。

8 月 4 日　星期六

下午五時半至賈公館出席第十四次小組會議，以最近蘇彝士事件與西藏抗暴為談話中心。

8 月 5 日　星期日

一、上午十時偕惟仁老太太訪問羅小姐，係偖子先生第四女公子。

二、昨日稍為不慎吹風，今日稍感不適。用傷風特效藥，午後予以休息。

8 月 6 日　星期一

關于蘇彝士運河事件，美、英、法發表聯合聲明（倫敦二日合眾社電），邀請廿四個國家會商國際共管運河問題，定八月十六日在倫敦開外長級會議。被邀國家中，抱保證運河自由的一八八八年君士坦丁堡專約簽

字國，以及其他十六國依賴這條一百零一英里為生命國家。條約簽字國計有埃及、法國、義大利、荷蘭、西班牙、土耳其、英國和俄國，其他國家計有澳洲、錫蘭、丹麥、阿比西利亞、西德、希臘、印度、印泥、日本、伊朗、紐西蘭、挪威、巴基斯坦、葡萄牙、瑞典和美國。

8月7日　星期二

金克和司長于本日午後七時招待陳光甫先生晚餐，約我作陪。

8月8日　星期三

上午十時參加中央常務會議，總裁親臨主持，至十二時散會。

颱風襲大陸

日前經台灣北面颱風「萬達」襲大陸成災，破五十年紀錄【中缺】損失嚴重。剪報黏于後。

本報訊

據此間獲得的正確消息說：由於最近一次萬達颱風的猛襲大陸華東、華北，造成了五十年來的空前災害。

據悉：颱風萬達自上海登陸以後，一反以往颱風吹至大陸，風力即應減退之常例，反以中心每小時十五至廿公里的速度，經由安徽的阜陽而向西北方移動，直趨黃河流域，在暴風半徑內之江蘇、安徽、湖北、山東、

河南、河北及東北九省均被波及。

　　據悉：上海被毀房屋一萬多棟，蔬菜百分之八十均被沖走。

　　杭州遭遇十級強風，西湖沿湖馬路被沖斷，兩旁大樹均被連根拔起。

　　江蘇省全境的高粱作物及蔓藤作物，全部被毀。

　　安徽省因在暴風中心，故受災最重。皖、豫、鄂、蘇等省均有七至九級大風，江蘇東部及沿東北部有八級至十級暴風，洞庭湖、鄱陽湖亦有六至七級大風。

　　淮河、黃河受颱風影響，已告泛濫，兩岸均成澤國。

　　彰河、衛河流域，亦告泛濫，共匪強迫五萬人民作搶運糧食工作。

　　永定河蘆溝橋水位漲六五・一五公尺，流量二四三〇秒公分。永定河水均流入小清河，情勢緊張。

　　東北之黑龍江已到危險水位，災民約十五萬人左右，松花江哈爾濱市水位預計在八月十日將超過最高水位卅至五十公分。哈爾濱已有三萬人被災。

　　據有資格的人士估計：此次萬達颱風在大陸造成的水災，可能導致五百萬人左右無家可歸。【後缺】

8月9日　星期四

　　連日來很多人要我幫忙謀事，我實為難。如不代說話，情難拒絕，代說未必生效。

8月10日　星期五

英國首相艾登指埃及總統納瑟為一個「獨裁者」，
並警告世界人士稱，納瑟侵奪蘇彝士運河，是一件對英
國「存亡攸關的事」。艾登又說：「不準備用武力覓取
解決，而準備用最廣泛的國際協議覓取解決。」這是英
國最明顯的態度，也是最明智辦法。

8月11日　星期六

吳一峯兄患腦溢血症不治逝世，據云先後不過二十
分鐘。吳係常州人，享年五十七歲。本日（十一）上午
十時起在極樂殯儀館舉行公祭，我偕蘭友、壽賢前往致
祭。一峯現任律師及光復大陸設計研究委員會委員。一
峯係故友吳少幼兄家門姪子，由少幼介紹認識者，時已
廿有五年矣。我任貴州省主席，一峯任省府科長。

8月12日　星期日

桂永清（率真）將軍逝世二週年，本日上午在貴陽
街靜心樂園舉行紀念儀式，我于上午九時前往致祭。桂
氏生前對我非常尊敬，至今感激難忘。桂氏逝世是黨國
很大損失。桂氏識大體，性情爽直，對人忠厚。

8月13日　星期一

上午九時參加中央紀念週，聽取立法委員江一平報
告赴美國考察經過情形。

8 月 14 日　星期二

一、埃及總統納塞拒與邀倫敦會議，主張邀有關國家擴大致四十五個國家會議。英國拒埃建議，因此倫敦會議照計劃進行。被邀參加廿四個國家，已有二十二個國家接受邀請。

二、現在的人以「蠻幹亂幹」為革命，以「胡說瞎說」為進步，以「謹慎保守」為落後。如此社會情形，實在令人難以應付，只有本著良知與之週旋。

8 月 15 日　星期三

上午十時參加中央第二九六次常務委員會議，總裁親臨主持。

一、秘書處報告本會四十五年度工作計劃及經費預算案（台幣五千一百五十萬），雖較上年度增加九百多萬，但再加上省黨部經費（三千萬元）、產業黨部（一千萬元），總共本年黨費九千多萬元。以四十多萬黨員用費未免太大了，且黨費大多從政黨員設法籌措，黨營事業收入為數甚微，應該確立黨費基礎。以上是我所知的，而紀律委員會有稽核財務之責，為自給自足計，深望黨費有具體可行良好辦法。

二、總裁對工作計劃及經費預算之指示：

　　（1）十月十五日召集反共救國會，為針對九月十五日共匪代表大會。

　　（2）我們宣傳不夠，據共匪現在宣傳，不會有戰爭，國民黨反攻與人民沒有好處，且要破壞

建設。我們要針對共匪此類宣傳的反宣傳。
有人自新加坡回來說，星加坡只有自由中國
一種刊物，很少有本黨的宣傳品。

（3）工作計劃，應改進人事與辦事方法，選用才
能，調開無才能者。共匪用錢有效能，一個
錢可以辦十個錢事。

8月16日　星期四

庸叔前次來信說，他對于今後讀書已有計劃，用費
亦有預算，我們非常歡喜。深恐他中途畏難改變，特囑
光叔致函庸叔，加強他的信心，原文是：「讀書既有計
劃，用費自有預算，應貫澈計劃，控制預算，則一切成
功當可預期也。」

8月17日　星期五

一、我國駐巴拿馬大使段茂蘭回國述職，本日午後五
時廿分飛抵台北，我到機場歡迎。段氏係由駐法
大使館公使兼代辦調任巴拿馬大使。申叔留學法
國，多承他的賢夫婦特別照料，我內心十分感激。
可惜申叔三年來未有收獲，實有愧段氏熱情。

二、盛世才兄本日（十七）午後七時招待晚餐，係為兄
弟的家務。在座有朱一民、莫德惠、祝紹舟、張
元夫等，我因事未入席，先辭謝。

8月18日　星期六

午後五時半出席第十五次小組會議，何雪竹兄主

席。研究蘇彝士運河問題，都認為不致發生戰爭。

8 月 19 日　星期日

一、上午到北投訪陳光甫兄。

二、美國民主黨提出政綱，保證繼續支持中華民國，
　　並重申該黨反對容許中共進入聯合國（現在民主黨
　　應該覺悟，對我國發表錯誤的白皮書）。美大使
　　洛奇重申，如有必要，美國將在安全理事會使用
　　否決權，以阻止朱毛匪幫入會。

三、關于蘇彝士運河問題，西方三國意見不一。就是
　　英、法憤慨準備用武，美國力主談判解決，埃及
　　態度漸趨軟化，可能接受折衷辦法。俄國在中東
　　聲望大增，西方國家損失太大。

8 月 20 日　星期一

一、今晨訪問段茂瀾大使。首先感謝段氏夫婦在巴黎
　　關照申叔。段氏主張申叔回台灣就醫，並擬致函申
　　叔勸其早歸。余擬本星五（廿四）招待段氏午餐。

二、故友葉楚滄先生今日七十冥壽，葉氏生前友好在
　　實踐堂舉行紀念，余于午後四時前往參加。葉氏
　　不但有學問，而且有修養，為本黨難得之人才，
　　與余素有感情的好朋友。

8 月 21 日　星期二

　　為王志盟事致中央信託局俞局長函如後：「國華老
弟大鑒：世姪王志盟係故友羅良鑑先生之東床，滬江大

學畢業，從事保險事業十有餘年，為人虛心求進，謹慎
負責。現服務于貴局人壽保險處，諒邀藻鑑，用敢恃愛
一言，務請遇機提掖」云云。俞氏復信大意：「王志盟
君在人壽保險處團體保險科充副主任，歷年工作表現良
好。辱承關注，自當留意」云云。

8月22日　星期三

今日常會停開，改開動員月會。午後偕金幼洲兄遊
覽植物園。

8月23日　星期四

一、蘇彝士運河的倫敦會議，美國國務卿杜勒斯計
　　劃，設立一個國際機構以管理運河建議。蘇俄支
　　持印度建議，將蘇彝士運河一切管理權交給埃
　　及，並另外在聯合國成立一個諮詢委員會。大多
　　數國家主張不作正式決定，擬由澳洲、伊朗、依
　　索比亞、瑞典、美國等五國與埃及總統納瑟直接
　　談判，以澳總理孟席斯擔任會議主席。五國委員會
　　現正柬邀納瑟討論共管計劃。此問題不是短時間可
　　以解決，而蘇俄為恐天下不亂，抨擊杜卿建議。
二、艾森豪再獲美國共和黨大會提名競選美國下屆總
　　統，尼克森為副總統候選人。民主黨仍提上屆落
　　選總統史蒂文生為本屆總統候選人。

8月24日　星期五

一、中午在自由之家招待駐巴拿馬大使段茂瀾（合肥

人）及即將發駐泰國大使杭立武午餐，並約同鄉
黃伯度、史尚寬、鄭通和、楊亮功諸君作陪。段
大使適于今日赴金門前線參觀，未克光降，殊以
為慊。

二、午後四時主持紀律委員會第四十九次會議。

三、今日係同鄉八十四歲老人許靜仁先生（世英）生
日，于下午五時在靜心樂園舉行茶會。余親往慶
祝，並禮敬二百元，聊表心意。

四、李石曾先生由巴黎于本日午後飛返台北。余到李
寓拜謁，適李往余寓，彼此相左。

8 月 25 日　星期六

下午三時至衡陽路一〇二號，出席國民大會黨團第
九小組組長改選會，仍選趙執中同志為本屆小組長。俟
由楊繼曾同志（台糖公司總經理）報告國際糖業情形。

8 月 26 日　星期日

八月廿三日晨一時廿五分，美國巡邏機一架在台北
一百六十哩距浙江海岸卅二哩高空被不明國籍飛機擊
落，機上飛機官兵十六人生死不明。中華民國在此時此
地並無飛機飛行。北平匪偽電台廣播，在滬附近上空擊
落國機一架。廿四日美艦搜尋被擊落飛機，已發現部份
飛機殘骸，及一機員屍體。顯示該機中彈後，曾著火焚
燒。匪機如此暴行，和平攻勢破產。匪以武力挑戰，民
主國家應早覺悟。

8月27日　星期一

一、上午十時到陽明山革命實踐研究院，參加總理紀
　　念週暨黨政軍幹部聯合作戰研究第八期開學典
　　禮，蔣院長親臨主持並訓話。

二、本黨駐法總支部執行委員丁子才同志由林聖揚
　　兄陪同見。據云離巴黎前三日晤申叔，申叔身
　　體甚好。

8月28日　星期二

　　蔣總統十月三十一日七十華誕，海內外正在紛紛籌
備祝壽。總統昨日手令：「黨政機關不得發起祝壽有關
任何舉動，並嚴禁募款為要。」這是總統最高明措施，
我非常欽佩。

8月29日　星期三

一、上午十時參加二九八次會議，總裁親臨主席。其
　　指示有：

　　（1）香港工商界人士來台會談所提建議，由各有
　　　　關單位分別實行。

　　（2）主管黨政機構應分清權責，在海外僑務、外
　　　　交應由使領館統一負責。

　　（3）任何文化事業必需做到國際標準，應組織指
　　　　導小組，自己（總裁）參加。

二、下午四時出席中央銀行第七次理事會。

三、下午五時出席裕台公司董事會議。該公司上半年
　　營業欠佳，尤其是漁業部份。我發表意見，年來

台灣漁業較日治時代增加人很多，我們為何損失六十餘萬元，乃係人謀臧。現在既決增加新船，修理舊船，我說一句老生常談的話，只能成功，不能失敗。

8 月 30 日　星期四

俄共在週前恢復核子武器試驗。美國指出試驗區在西北利亞附近，其爆炸力幾等一百萬噸炸藥。又據美專家推測稱，或係電導飛彈實驗。世界已進入核子時代，不管是戰爭、是和平，一個國家民族安危盛衰，都要核子研究發展與利用情形來決定的。

8 月 31 日　星期五
中南半島情勢未可樂觀

匪軍入緬甸，與匪俄對高棉經濟滲透之加緊，已舉世共知之事。

寮國政府與寮共協議成立聯合政府，而越北胡志盟之亟欲南侵。在此種情形之下，如任其惡化下去，則東南亞陸地上僅存兩個反共國家泰國與越南，勢將被匪各個包圍擊破的險境。

蘇俄「共存政策」祇是削弱自由世界的警戒和防衛的詭計，自由國家不應陷于共黨詭計之中。所謂中立主義印度等國自身問題很多，不可能太多作為。

9月1日　星期六

俄共于八月卅日又爆炸核子武器，其威力大過于八月廿四日核子試驗（一百萬頓黃色炸藥）。華盛頓宣稱，蘇俄顯然舉行過約四十次核子武器爆炸試驗，美國則舉行過七十五次。蘇俄最近聲明，表示蘇俄已經試驗威力等于數百萬頓黃色炸藥的「超級炸彈」，他現在正發展戰場用戰術原子武器，並可能發展由噴射轟炸機或中程電導飛彈可以投擲的「小型」氫彈彈頭。就現在核子發展情形，美國已大受威脅，將來誰先使用，誰占優勢。

9月2日　星期日

偕光叔上午回拜錢穆（賓士）先生，他並介紹新夫人與我見面。錢氏以一中學生自己克苦研究成為海內名學者，又在香港創辦新亞書院，已有數年，現在新院落成。以私人創辦此等書院，令人欽佩。香港大學贈錢氏博士學位尤為難得。

9月3日　星期一
颱風襲台

強烈「黛納」颱風突轉方向，在宜蘭花蓮間登陸，橫越新竹，吹向福州。北部縣市均有損失，水漲流激，橋毀路斷，風狂雨驟，牆塌屋倒。「颱風眼」經過台北市，使北市在上午五時半（即九月三日晨）至十時狂風怒吼，暴雨傾盆，屋頂隨風去，招牌滿地飛。市內電話發生故障，吹斷電桿隨處可見，百年樹木連根拔起，市

區低地均被水侵。新公園成為水上公園，大直最深時路上積水四市尺，川端橋水位到警戒線。我于上午十時後往黨部，麗安搭車到市場買小菜，遍地積水滾滾，汽車大有變成水陸兩用坦克，市民關門閉戶，市區一片慘象。

我們信義路住宅籬牆因上次颱風吹倒，甫經修好，此次又被吹毀，而廚房亦被吹壞。這是我們來台北居住遇到最大颱風，人民亦是普遍損失。

據專家云，颱風中心旋轉速度最大，故發生即大離心力，向心力即為四週向中心流的力量。離心力乃是因旋轉而發生由中心散離力量，因之造成颱風中心「靜風區域」，在氣象學叫「颱風眼」。

9月4日　星期二
【無記載】

9月5日　星期三
一、上午十時參加中央第二九九次常務會議，總裁主席。崔書琴先生報告週遊歐美之見聞，鄭彥芬報港澳黨務情形。
二、駐巴拿馬大使段茂蘭兄下午五時半飛返任所，我偕彥龍到機場送行。段並致函申叔，勸其返台。

9月6日　星期四
一、今日係農曆八月初二日，麗安五十一歲生日。
二、總統府九月份國父紀念月會原定九月三日舉行，

嗣因颱風暴雨，改期于今日上午十時舉行，總統
親臨主持。首由新任駐墨西哥大使劉師舜、駐泰
大使杭立武、駐伊拉克大使陳質平、駐瓜地馬拉
公使李琴舉行宣誓。總統訓示各駐外使節應以僑
務為重要之職責，僑務辦好，于駐在國之邦交亦
必大有裨益。最後由內政部長王德溥報告戶口普
查工作之籌備進行實況及計劃、執行、考核各步
驟詳情。

三、午後四時偕光叔參觀原子能和平用途展覽會。

9月7日　星期五

　　九月三日「黛納」颱風留下創痛。據報阿里山路
斷糧絕，三千人被困。損壞的路軌，非三個月修理，
恐難通車。又省府六日發表，全省各縣市「黛納」風
災情況，計死亡廿七人，失蹤十三人，受傷一百五十
人，倒屋八千餘棟，災民兩萬餘人。收儲稻穀受損，
鐵路、公路亦傷。雲林、彰化受災較重，台中、台北等
縣市次之。

9月8日　星期六

一、下午五時半出席第十六次小組會，由我主席。地
　　點台北市仁愛路十四號，並備茶點。仍繼續研究
　　蘇彝士運河問題，都認為不致發戰事，是個拖延
　　局面。嗣又研究一般政治，都以為出入境證以及
　　檢查旅客過于麻煩，為人所不滿，決議建議中央
　　從速改善。

二、本晚七時金克和、劉真、徐鼐、黃伯度等同鄉為
　　駐泰國大使杭立武餞行，約我作陪。

9月9日　星期日
程伊川先生的修養

　　「口中話少，心中事少，腹中食少。」有此三少，
神仙可到。

　　「酒宜不飲，憤宜速懲，慾宜力制。」有此三宜，
疾病自少。

9月10日　星期一
一、上午九時到中山堂出席九月份聯合紀念週。經濟
　　部長江杓報告，四年經濟建設計劃，農工生產均
　　達目標，工業生產擴展比農業為快。九月份聯合
　　紀念週原定三日，因是日颱風受阻，故改今日。
二、越南政府排斥華僑，並侵南沙島。越南政府派艦
　　登陸我南威，侵犯我南沙主權。又頒佈命令，強
　　迫在越南出生華僑歸為越籍，以及對我僑胞而發
　　小商業越化法案。這一連串不友好行動，我海內
　　外人士莫大憤慨，無異為共產黨提供有利機會，
　　我政府準備交涉。我們外交、華務工作毛病，在
　　頭痛醫頭，腳痛醫腳，我們今後更不能以道義與
　　反共理論來維繫與人的情感。

9月11日　星期二

開羅會議完全失敗

　　埃及納瑟總統拒絕國際管制運河計劃，英國拒絕埃及建議，另組機構，重開和平談判。英法會商一致行動，美國仍尋挽救計劃。五國委員會主席孟席斯等（負調解之責）自開羅飛返倫敦。今後西方國家對運河，已臨和戰危機。

9月12日　星期三

　　上午十時參加中央第三〇一次常務委員會議，總裁主席。由陳建中、陶希聖兩位同志先後報告，分析俄帝、共匪當前的策略，大意如後：

（1）經濟策略：對外投資，貿易協定，經濟援助，對抗金鎊、美元集團。

（2）政治策略：國際工人組織滲透，民族獨立與政權自由化。「聲東」以中共反美國，「擊西」以蘇俄反西方與中東。

（3）對自由中國之策略：以香港為基地，爭取中立份子。運用美國不援台灣，運用在日本反台份子爭取獨立。

9月13日　星期四

　　【無記載】

9月14日　星期五

一、上午十時到北投訪陳光甫兄。他近因擬在美國組

織公司，辦理凍結在美國上海銀行及中國銀行存款。行政院長、財政部長雖允議在先，但在財經會報席上發生問題，未能即時通過。光甫認為他本反共抗俄精神，辦理解凍存款，在技術上不得不組織公司，便于指揮港行之計劃，因此光甫內心很不舒適。我勸他此案內容複雜，使人家不了解，這是接洽技術不夠之故也。

二、中午十二時卅分，蔣總裁在台北賓館約我等評議委員談話，並午餐。

9 月 15 日　星期六

蘇彝士運河糾紛之新發展

埃及拒絕五國委員會之調解。英、法組織運河使用國聯合會，維持運河交通。美國表示對運河無意使用武力。埃及另召開廿國會議，包括蘇俄和中共，其他國家有利比亞、巴基斯坦、巴拿馬、敘利亞、約但、印尼、阿富汗、蘇丹、羅馬尼亞、波蘭、沙地阿拉伯、黎巴嫩、東德、匈牙利、保加利亞、印度和南斯拉夫等。運河情勢比較以前為烈。

9 月 16 日　星期日

台閩地區普查戶口

從十六日（午夜）〇時開始至六時止，台灣、福建（金門、馬祖）地區，三萬七千位普查員和八萬八千位助理普查員，攜帶已經預查過普查表，在六小時內挨戶登門復查常住人口有無錯誤。同時有七千四百位監

督員，和三百六十位輔導員，以及配合軍警人員二萬
多人，擔任宵禁、交通管制等工作。總共動員十五萬
二千七百人，中外記者也有三百多人出動採訪。均能按
時普查完成，情形良好，其普查成果，政府審核後另有
報告。此項戶口普查圓滿成功，大家非常欣慰，使我們
在國際上、歷史上，我們國家、我們每一個國民都有無
限光榮。我國普查戶口，在內政上尚係創作，也是劃時
代收獲。根據普查資料，經過科學的方法分析與綜合，
方可測知全國人口確數和組成，方可決定各種建設計劃
（據普查尚未算清，台北人口約六十九萬多，全省約
一千萬）。

9月17日　星期一

　　強烈颱風（芙瑞達）昨日（十六日）下午在本省東
部蘇澳登陸，昨晚進入台灣海峽。昨夜、今晨台北大風
暴雨不斷。今年八、九月間的台風警報似乎沒有中斷
過，如像颱風包圍著台灣。光叔兒于昨晚颱風暴雨中還
要出外□舞，伊母大不贊成，我亦不以為然。這皆是平
日管教無方應有的結果。

9月18日　星期二

一、惟仁老太太因颱風使心臟更衰弱，且口中發苦，數
　　月不退。本日上午偕老太太請朱仰高醫師診治。量
　　老太太血壓，高一百八十，低血壓七十五，惟心跳
　　太過。
二、本日（十八）是世界社五十週年紀念月中，適值張

靜江先生八十冥壽,午後七時在中山堂舉行素食
聚餐會,我準時前往參加。靜江先生生前對于革
命、建設、文藝諸大端供獻獨多,功在黨國,與
我感情甚篤。

9 月 19 日　星期三　中秋節

上午十時參加中央第三〇三次會議,研究出入境證
及旅客行李檢查的改良。今年中秋節因軍公教人員無購
買力,市面更形冷落。

9 月 20 日　星期四

一、台北市民政局長柯台山同志,他想競選下屆市
　　長,託我協助。

二、午後偕麗安看電影。

三、光叔由地質系轉機械系,業已辦妥。深感陳雪屏
　　先生的幫忙。

9 月 21 日　星期五

一、台灣耆宿林獻堂先生在日治時代領導民族運動,
　　光復後翊贊庶政,其碩德清望為社會人事所推重。
　　不幸于九月八日在日本東京病逝,享壽七十七歲。
　　骨灰于本日(廿一日)移返原籍台中霧峰,道經台
　　北市,舉行公祭,我于上午九時偕張壽賢兄前往致
　　祭。(本日注射蓋世維雄)

二、午後三時主持紀律委員會第五十次會議,討論高
　　雄選舉議員糾紛貪汙案。

9月22日　星期六

一、駐泰國大使杭立武兄明日飛泰就任，余特至其寓
　　所送行。

二、下午五時出席小組會議，閻百川先生主席。

9月23日　星期日

　　申叔兒于九月十七日來函云：「鐵定的本年年底回
家過年」。故于昨日由我親筆復函：「年底回家，我與
老太太非常歡喜，當前仍望在院療養。未動身前，每月
必需用費，望與大使館丁秘書于正接洽，已另由友人致
函先生矣。」他究竟回來與否，我們不敢相信。已託外
交部丁秘書將我接濟申叔之款，交由駐法大使館丁秘書
代為保管，按月發給，仍照段大使駐法時月給一百元。
段大使日前返台，亦如此主張。申叔使我太煩神，而且
要麻煩朋友，真是使我心中不安。

9月24日　星期一

一、惟仁老太太七十晉三生日，係陰曆八月二十日。
　　襄叔、光叔、世祉、和純、伯瑞、文治、宗玉及金
　　太太等都來祝壽。午後老太太看電影，精神甚好。

二、上午九時在實踐堂舉行總理紀念週，由我主席。
　　由中央常務委員谷正綱報告，就其赴西貢出席亞
　　洲反共聯盟四單位會議所得結果提出扼要報告，
　　其附帶報告重要一點，就是越南政府排斥華僑。

9 月 25 日　星期二

關于蘇彝士運河第二次倫敦會議閉幕，其決議運河使用國聯合會，定下月（十月）初在英成立。運河糾紛請安理會解決。運河聯合會，埃及拒與合作，美國務卿認為是良好會議，倫敦人士指為英、法外交上失敗，法國宣佈對于共管原則不讓步，英國重申運河不讓一國管理。總而言之，運河問題目前不會發戰事，終久還是和平解決的，這都是蘇俄與共匪從中作祟。

9 月 26 日　星期三

一、今日常務會議停開，改開總動員月會。

二、惟仁老太太近來改服奚復一中藥，仍照常注射朱仰高醫師針劑。蓋中西兩種藥均係強健身心者。

9 月 27 日　星期四

本日午後六時，張慶城先生、朱際惠小姐在中山堂光復廳舉行結婚典禮，請我證婚。慶城安徽天長縣人，四十五歲，日本明治大學新聞系畢業。惠際小姐湖南石門縣人，三十四歲，湖南第十師範學校畢業。

9 月 28 日　星期五

一、安徽國大代表洪興蔭女士，因本日係其父卅週年九十四歲冥壽，在善導寺誦經，余親往敬禮。

二、今日係孔子誕辰，上午十一時總統府舉行紀念典禮。總統親臨主持，李石曾演講孔子學說，我等均往參加。

三、陳光甫兄因行務即將赴香港一行，本日中午在中
　　國之友餐館為光甫餞行。

9月29日　星期六

　　今日係蔣老太太六十八歲生日，我與上午到桃園慶
祝，並代表惟仁老太太慶祝。

9月30日　星期日

一、申叔九月二十二日由巴黎來信，並寄相片兩張，
　　有一張係同名畫家張大千先生合照的。觀申叔照
　　片，較前胖多。
二、章嘉大師近日患很重胃病，不能飲食，余今晨特
　　往其寓所慰問。大陸淪陷，章嘉五台、北平、內
　　蒙各處動產與不動產完全損失，隨同政府來台，
　　其擁護黨國精神令人可佩。現在生活清苦，政府
　　應該特別予以維持。
三、陳東阜（江）律師介紹其子婿汪德培來見。汪係安
　　徽郎溪縣人，現任高雄港領港、高雄市安徽同鄉
　　會理事長、海事雜誌社社長、航海專家。據東阜
　　兄云，德培不但中文有根基，英文程度亦佳。
四、彰化縣長陳錫卿兄特來訪問，並送水果。陳氏先
　　任彰化市長，繼任第一次民選縣長，連任第二次
　　民選縣長。

10月1日　星期一

一、全國停止夏令時間，恢復標準時間。從今晨〇時
　　起，所有鐘錶撥慢一小時。就是昨日上午九時，
　　今日應改為上午八時。

二、上午九時出席本月份聯合總理紀念週，由教育部
　　張部長其昀報告本年教育情形。

三、台北市許昌街昨日大火，燃燒三小時。違章建築
　　棚戶全部焚毀，紙業大樓亦被付之一炬。

10月2日　星期二

吳氏宗親會

　　台灣同胞以及海外華僑很重視同姓宗親，因此在台
北市吳姓同宗，由吳三連先生等發啟組織吳氏宗親會
（三連兄曾任台北市長），並建築吳氏宗祠，即將落
成。三連囑我題「吳氏宗祠」大橫匾，及宗祠楹聯，都
已照辦。其聯文如後：

講讓溯家風，祖武繼繩，泰伯延陵昭至德；

聯宗敦族誼，椒聊蕃衍，濮陽渤海匯洪源。

（右聯請賈景德先生代作的）

10月3日　星期三

一、上午十時參加中央常務委員會第三〇六次會議，
　　總裁主席，第六組報告匪黨八全大會召開經過與
　　分析。

二、信義路寓所隔壁鄰家，合肥同鄉龔理珂夫人蔡縵
　　霞女士，于去年陰曆八月三十日逝世，現屆一週

年。我于今日在善導寺請七位和尚為龔夫人誦經，
我與惟仁、麗安、光叔均先後前往敬禮。龔夫人明
道理、識大體，曾為我調解家務，深為感謝。

10月4日　星期四
共黨內部險象環生　俄南談判困難
一、蘇俄頭子不願再在附庸國家中繼續行使「貶抑史達
　　林」，但南斯拉夫狄脫元帥則堅持貶抑史達林，
　　與其他附庸國重建關係。
二、狄脫元帥爭取的是附庸共黨脫離莫斯科完全獨
　　立，各國共黨享有平等權利。
三、狄脫元帥曾警告蘇俄領袖，蘇俄如不放棄其對東
　　歐共黨國家控制，勢必發生另一次波蘭「波斯南
　　暴動」。

10月5日　星期五
　　上海銀行副董事長朱如堂兄日前由香港來台參加球
賽，本日上午來拜訪。如堂係子謙先生第五公子，留學
美國。子謙先生生前在滬做地產生意，頗有收獲，與余
感情甚好。

10月6日　星期六
一、上午九時訪何敬之兄，他昨日由歐洲歸來。據云
　　在巴黎會見申叔，他主張申叔回回灣，並云申叔
　　身體尚好，即將出醫院。
二、陳光甫兄即將回香港，余特于上午十時到陳北投

寓所晤談。他身體大不如前，很現衰象，不時出汗。他並云赴香港後，在投台北上海行同人，託我以三事勉之：

（一）無論辦什麼事，必需有人才，否則不會成功的。

（二）台灣情形複雜，美國亦是如此，要上海銀行同人遇事謹慎小心。

（三）在台灣上海銀行與香港行，必須切實聯系，否則雙方不利。

10 月 7 日　星期日

上午到新生報大樓參觀師範大學教授林聖楊先生畫展。林氏自從留學法國歸來，作品非常進步。

10 月 8 日　星期一

錄處世兩對聯

貧居鬧世無人問，富在深山有遠親。

雪中送炭真君子，錦上添花是小人。

10 月 9 日　星期二

【無記載】

10 月 10 日　星期三

雙十國慶日

一、上午九時到總統府參加中樞慶祝國慶大典。蔣總統親臨主持，並宣讀告全國軍民同胞書。其要點

有：凡同胞在反賣國、反奴役、反清算，無論在國
內、在國外，沒有不可捐棄嫌怨，消除成見。高
呼「救國高于一切，一切為了反共」，推翻共匪
一切暴政，實行中華民憲法，保障人權，重建道
德，使人人享自由生活云云。

二、上午十時參加國慶閱兵大典，蔣總統親臨校閱三
軍。晴空一碧，日麗風和。首由空軍出動各式飛
機二百餘架，舉行盛大的空軍分列式。繼我空軍
機群之後，有美國 B47 同溫層噴射機三架，低
飛通過閱兵台慶賀。受閱地面部隊官兵，整齊嚴
肅，氣象雄壯。各式裝備較往年大大增強，已臻
科學化，百分之八十都有快速機動車輛。如一五
五口徑加農重砲兵、裝甲搜索部隊、海軍陸戰岸
勤部隊（配有作戰登陸器材），以及由雷達自動指
揮的空軍高射砲隊等等。

三、擁有十萬民眾在閱兵場附近瞻仰盛況，以及來自
五大洲的二十九個地區華僑慶祝團，及韓、義、
比、伊朗四國議會訪問團、日本青年代表、土、
菲、法三國首都市長、美國軍事將領、各國駐華
使節，均參加閱兵大典。在過去雙十節很少有如
許外賓及僑團，真是盛況空前。

四、年年有雙十節慶祝閱兵，有總統告同胞書，究竟何
時反攻大陸，令人憂慮。官兵衰老矣，物價高漲
矣，生活日在困難矣。我們反攻大陸與建設，其
最重要者在科學、在經濟，我們對此太落後了。

10 月 11 日　星期四

九龍流血大暴動

　　昨日雙十節，港九愛國僑胞懸掛國旗，熱烈慶祝。陰謀份子煽動群眾，利用撕毀國旗糾紛，另行製造事件。九龍全境實施宵禁，英軍出動，交通斷絕，頗有死傷。香港英軍報到，工廠區發現屍體六十具，港府說尚未證實。顯然左翼與右翼之間分子衝突。詳情續記。

10 月 12 日　星期五

重陽日

一、于右任先生于中午十二時在靜心樂園招待我等前
　　民立報同仁午餐，余向于老社長敬酒祝建康。
二、安徽國民大會代表、立法委員、監察委員，本日
　　午後六時在婦女之家聚餐，推余主席。余簡致詞。
　　席間商談擬組織國大代表、立、監委監聯誼會，
　　推幹事十九人，推余為召集人，余堅辭未准。

10 月 13 日　星期六

九龍騷動漸趨平靜

　　雙十節我港九僑胞為維護中華民國青天白日國旗，表現熱烈愛國精神，行為非常純潔而正當，竟遭共匪雇用暴徒從中破壞，引起流血事件。流血起因，港政府官員于雙十節撕毀我國旗，引起糾紛。十一日陰謀份子利用此糾紛，釀成流血大暴動，大批英國軍警武力鎮壓，港府宣佈九龍全部戒嚴。十二日局部逐漸平定，官方宣佈死傷人數「計死者二十六人，傷七十六人」。十三日

港府宣佈「香港與匪區已經關閉」，同日港警察署宣佈
「約三千人被捕，死四十五人，受傷三五八人。瑞士駐
香港領事館參事安斯德夫人和其丈夫，于混亂中受傷，
已在醫院死亡。」究竟死傷確數，尚待調查。查荃灣暴
亂中有八家工廠被毀。這是本世紀以來最大暴亂事件，
英國與香港政府應負主要責任，我們應向英嚴重抗議。
我們對犧牲者與損失者予以救濟，以慰英靈，而勵忠
貞。

10月14日　星期日

一、今日台北市選舉區長，我于上九時前往投票，其
　　選舉秩序良好。

二、總統府資政章嘉呼圖克圖患病已久，現病勢轉
　　重，擬入醫院診治。特請總統府張秘書長代洽醫
　　院，換句話說，就是請政府予以補助。

三、安徽國大代表劉瑞昌與吳金萍女士，在中山堂舉
　　行接婚典禮，我于午後四時前往慶賀。

四、參觀全國書畫展覽，國畫年年進步，花鳥作者
　　甚少。

10月15日　星期一

一、上午十時參加陽明山革命實踐研究院總理紀念
　　週。總裁親臨主持，向各級同志指示，本人七十
　　初度將屆，應遵照前頒手令，切勿有祝壽舉動。
　　海內外同胞其藉祝壽表示敬意，曷若對國家應興
　　應革貢獻具體意見。其指示中有六項最重要者：

（1）建立台灣三民主義主義模範省。

（2）增進台灣四大建設（經濟、政治、社會、文
化），清除舊有官僚政客之具體意見。

（3）推行戰時生活，革除奢侈浪費等不良風氣。

（4）團結海內外反共救國意見，不尚空談，務求
實效。

（5）貫澈反共抗俄之具體實施計劃。

（6）並盼對中正個人平日言行與生活以及個性等
各種缺點，作具體指點與規正。

總裁婉辭各方發起祝壽舉動，提示以上六項問題，
廣徵眾議，是一件極有意議事情。各方應革除私
心、偏見與官僚惡習，將這件辦好。最不好的對
總裁六點指示盡量捧場，大大恭維，一面照常熱烈
祝壽，使明眼人批評我們虛偽。我們應本恭敬不如
從命之古訓，嚴格禁止做祝壽。至于回國僑胞祝壽
團，可另定接待辦法，總以不做壽名實相符為宜。

二、總裁又說一段基督教團體，不取背後批評話，假
如批評，要有內容，如：（1）批評是否確實；
（2）批評是否善意；（3）批評是否必要。

10 月 16 日　星期二

【無記載】

10 月 17 日　星期三

今日常會改開總動員月會。

10月18日　星期四

今日係蔣總統農曆七十壽誕（丙申年九月十五），我于上午十時到總統士林官邸簽名慶賀，蘭友同去的。

10月19日　星期五

下午四時到何敬之兄公館出席小組會議。討論實施總裁六點號召，茲事體大，各同志發表意見甚多，未作決定，下次會再談。

10月20日　星期六

一、中央黨部第三組董副主任世芳父親鐵俠先生，本年七月在廣東原籍病逝，本日在善導寺頌經。又陶立法委員堯階于本月十八日患癌病故，本日在極樂殯儀館公祭。我于上午九時偕張壽賢分別前往弔唁。

二、菲律濱吳氏宗親會，由吳吟聲、吳金聘、吳英傑（秋明）、吳起盾、吳修琴、吳義連、吳尊德、吳尊茂等組織回國祝壽觀光團，昨日飛抵台北。適今日是吳起盾女公子在美國結婚，起盾特于午後六時，招待我等在台宗親宴會，我準時前往慶祝。

10月21日　星期日

東歐附庸國要求脫離俄帝控制

一、波蘭共黨不顧俄共頭子赫魯雪夫反對，已把反俄派首領戈慕卡（亦有譯岡默加）推選為第一書記，當即發表宣言對俄帝爭取獨立地位，並允諾定期自由選舉，使俄波關係頓趨緊張。這可以說是史

達林死後，鐵幕內部所發生的一次最大變化，其重要性超過特務頭子貝利亞之整肅與總理第一書記馬林可夫之垮台，波蘭境內遍貼標語，「歡送」俄軍回老家。

二、匈牙利三大學學生數千人提出最後通諜，要求廢除俄文必修科，減少馬列思想必修科目，給予人民更多自由，要求俄軍撤退，要求現已獲「昭雪」前總理納琪重行領導政府。

三、東德方面有大罷工發生，這一切都像對莫斯科挑戰。聞東德俄軍向波境開動，俄國巡洋艦三艘及其他軍艦十數艘突駛波蘭領海，波政要求撤退。蓋東歐附庸國人民紛紛要求自由，可能爆發整個反俄運動，就是俄帝武力可以鎮壓一時，最後還是要失敗的。何況俄帝內部意見異常複雜，已至進退維谷。現在只有兩大抉擇，一種是領導人物變動，或在政策上基本改變，或兩者同時並進。就理論與事實來研究，俄帝失敗已經注定。但民主陣線國家，對波蘭及匈牙利事件，勿作過早樂觀。貶史達林運動，並不是共產瓦解開端。

10 月 22 日　星期一

上午十時到陽明山參加紀念週，總裁親臨主持。本黨亞洲地區工作會議開幕典禮與紀念週合併舉行，總裁訓話「黨的組織之建立與運用」。十二時半散會，並攝影。

10月23日　星期二

一、章嘉大師患胃癌症，已入中心診所醫治，須用手術。本日午後慰問章嘉，他要求往日本醫治，託余報告總統。此事余已向總統府、行政院多次說話，惟機關多、辦事慢。此病不能再拖，擬積極代為催請。

二、江元仁兄因氣喘舊疾復發，住松山療養院，余往慰問。

10月24日　星期三

一、上午十時參加中央常務委員會三一〇次會議，總裁親臨主持。

二、午後再去看章嘉病。

10月25日　星期四

【無記載】

10月26日　星期五

午後三時主持第五十一次紀律委員會會議，討論高雄縣黨員楊邦等，于該縣正副議長選舉提名中授受賄賂一案。此案就黨紀說應該從嚴議處，就政治方面說很多顧慮，因此紀律委員會兩次開會討論，認為很難兩全。

10月27日　星期六

一、自本星期一腹瀉，比即服藥，至星期三即全愈，本日又腹瀉。皆因不戒于食之故，就是病從口入。

二、多年來血壓都是在高的一百內外，低的六十、
　　七十之間。自朱仰高先生診治，今年高血壓通常
　　在一百二十外。惟昨日午後請黨部醫生檢查，高
　　血壓一百三十四，低血壓七十，這是我生平最高
　　記錄。

三、申叔十月廿二日由巴黎來信說，身體已復健康，
　　已于十月十七日出大學療養院，正在找畫室作畫云
　　云。余即于本日（廿七）復申叔一函，大意如下。
　　（1）一切應以身體強健為最高原則。
　　（2）一切靠自己，無意義應酬絕無收獲。當你有
　　　　錢有勢時，人家都捧場，反之多不理會。古
　　　　對聯云「貧居鬧市無人問，富在深山有遠
　　　　親」，這都是經驗之談。
　　（3）蔣總統兩次命令，不許祝壽，專心反共抗俄
　　　　大業。
　　（4）鋼筆帶到時，自當特別保存，為兒回國使用。
　　（5）劉全富、葉蕃、丁子才、夏駿卿四先生都已
　　　　見面，如他們有暇，擬請吃飯。
　　（6）近幾年來，台灣書畫進步非常迅速。兒在國
　　　　內自有畫家之名，仍希繼續努力，惟練字十
　　　　分重要的。
　　我與老太太身體都好。

10 月 28 日　星期日

　　中華民國四十五年十月廿八日，為黃克強（興）先
生于辛亥革命在武昌就革命軍總司令四十五週年紀念

日，本月復為黃誕生八十五週年紀念。由老同志于右任
及我等卅九人發啟，于本日下午四時至六時，在博愛路
實踐堂舉行酒會，以資紀念。黃先生革命歷史記載很
多，是一位偉大革命先烈。從同盟會成立、黃花岡、辛
亥以及討袁諸役，立下不少功勳，為中華民國奠定成功
基礎。黃任陸軍部長及南京留守時，我任南京警察總
監。詳情專題另行記載。

10 月 29 日　星期一

一、到中心診所看章嘉，其胃癌症甚重，日內將赴日
　　醫治。
二、訪華僑同志戴愧生先生。

10 月 30 日　星期二

招待菲律濱吳氏宗親

　　我與吳三連兄于本日午十二時，假北投陳逢源先生
別墅招待菲律濱讓德堂吳氏宗親會台灣訪問觀光祝壽
團，計有吳修琴（讓德堂監事長）、吳金聘（讓德堂副
理事長）、吳吟聲（國民黨駐菲總支部執行委員）、吳
庇佑、吳尊茂（讓德堂管財政）、吳天德（未到）、吳
平權（國民黨菲總支部常務委員）、吳祖祿（未到，本
黨常務委員）、吳起盾（讓德堂理事）、吳英傑（讓德
堂理事）、吳尊德（讓德堂理事）、吳宗穆（讓德堂理
事，洪門總會副理事長）、吳文欽（洪門中華進步黨理
事）、吳世挹（洪門中華進步黨理事）、吳文芳（讓德
堂幹事）。午後四時，又在行將落成吳氏宗祠，由台北

宗親舉酒會。除歡迎菲宗親外，並歡迎各處來台為蔣總統祝壽吳氏宗親。

10 月 31 日　星期三

一、今日係蔣總統國曆七十華誕，余仍照往年之例，到中央黨部簽名，以表敬意。今年海外回國祝壽地區之廣，人數之多，為空前未有（計有五十六個單位僑團，一千一百三十餘人），各機關設壽堂，吃壽麵，開晚會，其熱鬧亦是空前所未有。以蔣總統領導北伐、抗日、剿匪，功在國家，為其慶祝七十大慶，理所當然。惟值此大陸同胞水深火熱，過的牛馬不如生活，急待救援。尤其我們枕戈待旦反攻之際，因此總統有兩次命令不准祝壽，並作六點指示，希望提供意見，用作改進之參考。其意義之深，令人感佩。而各機關仍然熱烈祝壽，其不遵命未有甚于此者，反而增加人家批評我們作偽，何不智乃爾。

二、章嘉大師上午十一時飛東京就醫，我機場送行。

三、晚七時半偕麗安、光叔、黛麗到新公園看馬戲。該戲團由沈常福率領，一向在南洋各處表演，頗有盛名。

11月1日　星期四

一、中午十二時卅分與洪蘭友兄共同招待法國華僑回
　　國觀光祝壽團，劉壽山（全福華商總會會長）、
　　葉蕃（國民大會歐州區華僑代表）、丁子才（駐
　　法總支部執行委員）、夏駿卿（總支執行委員），
　　以黃□等。劉、葉、夏三人將于明日起程，經香
　　港回法國，他們都是在巴黎與申叔有交誼者。

二、午後六時半，蔣鼎文（銘三）招待我晚餐，有戴愧
　　生（菲僑領）、許丙（子英）、何雪竹、徐次辰、
　　朱一民、徐克誠等。

11月2日　星期五

　　國防部于本日（二）上午十時正至下午三時正，在
北部湖口演習場舉行陸空聯合實兵演習，我被邀參觀。
即于上午七時半偕張壽賢兄乘汽車由台北市出發，九時
抵達演習場。演習開始，蔣總統親任大閱官，其應邀
參觀有立、監委員、國民大會與民意代表、駐華使節
與外賓、海外歸國僑團、新聞記者、各界人士等一萬
一千八百餘人，群情振奮，盛況空前。演習過程有陸空
實彈攻擊，空軍作戰演習，共歷三小時四十五分，獲得
參觀一致佳評。此次演習之意義，國軍已準備完成，一
旦反攻令下，即可反攻大陸，光復河山。此次參觀，最
使我警惕者，就是所飛機、大砲與各種武器裝備，以及
彈藥、油料等等，都由美國援助我們。除光杆官兵外，
一切都是美國的。我們軍隊組織訓練雖有驚人進步，其
如不能單獨行動何。我們現在應積極修明政治，發展經

濟，更應作一個自力更生長久打算，才有資格待機反
攻。我們應以蔣總統六項提示，革除官僚政客習氣。所
謂官僚政客者，如不負責任，不得罪人，模棱兩可，莫
測高深，有利必爭，有害必避，是非不明，賞罰不當，
上諂下矯。

11月3日　星期六

復申叔函錄于後

一、上月廿七日曾復一信，計已收取。上月廿二日及
　　廿七日來信，均已閱悉。

二、所云與訂立合同，畫印明信片及賣畫集一節，不
　　知條件如何，為念。如所畫之件不能銷罄，或不
　　能如期交畫，你要負何種責任，則須考慮。甚至
　　在未賣之前即發生問題，其損失歸誰負責，又將
　　如何。因到那時家中既無錢給你，而你自身又籌
　　不出款來，必至萬分困難。世界商人大多不能共
　　事，應注意。

三、來信謂十分鐘時間寫信，我想不應有如此之忙。
　　現在縱忙，身體健康必須注意，蓋你的身體只能
　　成功，不能失敗，千萬千萬。

四、何時起程回台，望早日來信，以便辦理入境手續。
　　一切事要客觀，要實在，勿受騙。

　　　　　　　　　　　　　　　父　十一月三日午後

11月4日　星期日

一、昨日（三）為故友陳伯蘭兄逝世兩週年紀念，我

于上午十時偕張壽賢兄到北投陳氏墓地致敬。陳
公子樹桓在墓地照料。陳公子老成持重，主管家
務，在香港經營各項事業很多，深慶伯蘭兄承繼
得人。

二、本日為孫堂福君、王慧敏女士舉行結婚佳日，請
我證婚。時間下午五時，地點經濟部禮堂。孫君
南京人，卅一歲，王女士河北省唐山縣人，都受
過教育，尤其受過家庭教育。我簡單致辭。

11月5日　星期一

上午九時到中山堂參加十一月份聯合總理紀念週，
司法行政部長谷鳳翔報告司法一般工作。

11月6日　星期二

本月十二日為總理孫先生滿九十歲誕辰，賢壽說周
宏濤轉總統意，要我于是日紀念典禮演講，我已力辭。

11月7日　星期三

一、上午十時參加中央常務委員會第三百十三次會
議，陳常務委員誠主席，研究埃及與匈牙利當前
事變情形。至午後一時散會。

二、艾森豪、尼克森當選連任總統及副總統，艾森豪
以絕對多數票壓倒史蒂文生。艾森豪擁有四百五
十七票的四十一州領先，民主黨在擁有七十四票
七州領先，艾森豪無異贏得信任投票（當選票必須
二百六十六票）。國會參、眾兩院選舉，民主黨

佔優勢，已獲得兩院必需之票數。州長選舉，兩
黨互有得失。民主黨取得國會兩院控制，在美國
歷史上，每屆總統任期頭兩年國會總是總統所屬
政黨所拿把，這次是破天荒第一次，總統在兩年
不能控制國會。

記匈牙利革命經過情形

匈京布達佩斯于十月二十三日爆發群眾示威運動，
參加廿餘萬人，要求改組政府，高呼蘇俄人滾回去。因
此匈共軍及俄國飛機與坦克大肆屠殺，匈人浴血苦戰，
匈政府不得已，為和緩革命軍民計，以親近狄托主義
者納奇改組政府。但革命軍仍然表示不滿，要求俄軍撤
退，並繼續作戰。而新政府納奇則同情革命軍，忽宣布
退出華沙公約，證實革命軍反共、反蘇，並反對狄托主
義者。因此蘇俄與匈政府談判撤退在匈境駐軍，一面佈
置軍事。至十一月四日黎明，突然出動大軍，佔領匈京
布達佩斯和全國各大城市，納奇政府領導人物全體被
俘，革命英雄、新任國防部長梅達亦在被俘之列。千萬
無辜人民和婦孺慘遭俄軍飛機、坦克、大砲、機槍炸射
屠殺，遍地血鮮，鬼哭神嚎。抗暴人民在電台所作絕望
呼籲，說：「全世界人民聽我們呼聲，幫助我們，但不
用勸告，也不用言語，並以士兵與武器幫助我們，存亡
決于俄頃」。又自由電台淒慘廣播：「驅集男子，屠殺
婦孺，匈戰士以刀棍死拚，布達佩斯已成一片火海」。
一個為自由而戰鬥，為獨立而流血，終于在俄帝獸軍慘
酷之下趨于崩潰。聞革命軍最後力抗頑敵，發動游擊

戰，倘能積極予以援助，尚可挽回達最後之成果。匈牙
失敗是自由世界恥辱，東歐附庸國抗暴甫現芒牙，經此
打擊，又要消沉。誰為為之，誰令至之，自由世界領導
人物到何時才能洗清見死不救的恥辱。茲匈國革命經過
剪報黏後。

　　匈牙利抗俄革命，業已引起舉世關懷。十月廿八日
安理會應美、英、法聯合要求，舉行緊急會議，討論匈
局勢，並通過列入議程。同時匈共宣佈，已對該國革命
軍澈底讓步，包括要求俄軍從布城撤退。同日匈革命
軍宣稱：已完全控制奧、匈邊界地區，並稱：將要求西
方世界協助推翻共黨政權。其時匈共與革命軍舉行之首
次談判，業已失敗。十月廿九日匈共延緩俄軍撤退時
間。卅日共黨匈牙利政府承認革命軍完全勝利，納琪總
理並宣佈取銷共黨專政、及聯合政府成立之決定。同日
匈空軍司令部發出最後通牒要求俄軍撤退，蘇俄政府則
聲明，願考慮撤軍問題，卅一日俄軍已部份撤離布城，
一日匈總理納琪召見俄使：通知匈即退出華沙公約，二
日俄機械化部隊復向布城進軍，包圍匈各機場及若干革
命軍重要基地。同日納琪總理迅將該項軍事行動通知聯
合國，要求保護匈之中立狀態。同日聯合國安理會開會
討論匈國局勢，我代表蔣廷黻建議四點，反對俄帝的干
涉，呼籲全球自由人民予匈人民以支援援助。同日，美
總統艾森豪決以二千萬元援助匈人民。三日俄軍封鎖
奧、匈邊境，匈牙利各重要交通樞紐已被俄軍佔領，布
達佩斯已被俄軍重重包圍。

11月8日至9日　星期四至五
【無記載】

11月10日　星期六
本日致申叔函

一、今日收到由外交部轉交鋼筆兩支，當妥為保存，待兒回來使用。

二、劉金福先生等來台已晤面，業于日前離台，經香港返巴黎。

三、人情冷暖，世態炎涼，自古皆然，而今尤甚。兒性愛虛榮，因此最易受人欺騙。

四、無論做什麼事，必須事先將利害得失研究清清楚楚，確有把握，然後再實實在在去做。做好再說，最不好未做先說，最好做成也不說。惟倘在做事之先須要請真朋友幫忙研究，不但要說，而且要詳詳細細說。

　　　　　　　　　　父啟　十一月十日午後

11月11日　星期日
　　李中固君、龔維敏小姐，本日上午十一時在台北市陸軍服務社舉行接婚典禮，請我證婚。李、龔均係合肥人，中固係李國君（述之）的公子，維敏係龔理珂的姪女。我簡單致詞。

11月12日　星期一

國父九一誕辰

　　今日係國父誕辰九一週年，我于上午十一時到總統府參加紀念典禮。蔣總統親臨主持，宣讀紀念文告，揭穿共匪紀念國父無恥手法。他們已到圖窮匕見地步，自知惡貫滿盈，末日將至。並痛斥共匪曲解三民主義，國父聯俄、容共、農工三大政策，勉同胞以驅俄滅匪來紀念國父。鐵幕內革命運動方興未艾，匪俄喪鐘響徹雲霄。我們要根絕共產主義，實行三民主義，將青天白日滿地紅國旗飄揚于大陸上云云。

　　國父締造中華民國，是為求民族獨立，民權平等、民生康樂。我們應本斯旨，除去派系私見，加強反攻復國心理建設。

　　我們來台後，以今年慶祝國父誕辰盛況空前，民間各界集會慶祝亦是從來少有的。應該年年如此，以免人家批評我們因共匪熱烈慶祝，我們亦隨之熱烈慶祝也。

中東戰事之經過

　　十月卅日，以色列、埃及戰事爆發。英、法兩國認為妨礙運河交通，向以、埃兩國提出最後通諜，限十二小時達復。埃及斷然拒絕，以色列宣布有條件接受。因此英、法兩國聯軍不顧美國反對，即採海空攻勢轟炸埃及機場與其他重要軍事目標，數度空襲開羅，損毀埃及各種飛機三、四百架（埃機總數五百架）。同時以色列攻佔西奈半島，在該島埃及守軍兩師被圍。英國傘兵空降塞德港，聯軍遂即登陸會師。同時埃及沉艦蘇彝運河

阻塞，阿拉工會為援助埃及，將通至地中海油管破壞。
這兩事影響交通、軍事、經濟關係十分重大，亦是中東
此次發生戰事基本因素。美國總統艾森豪廣播，美國不
介入中東戰事，要使戰事由大變小，由小變無。蘇俄促
聯合國援助被侵略者，並揚言俄海空軍準備派往埃及，
且將用火箭武器。美國嚴正申明，反對俄國出兵，並令
全球美加強準備。

印度總理尼赫魯函俄總理布加甯，如干預埃戰，大
戰即爆發。

聯合國開緊急會議，通過美國提案，要求以色列軍
退出埃及，英、法停止軍事行動。又通過加拿大建議，
在中東設立國際警察組織，武力監督在埃及的停火行
動，由加拿大柏恩斯少將任指揮，惟中、美、英、法、
蘇五國不派兵參加。又通過由巴西、加拿大、可倫比
亞、錫蘭、挪威、印度、巴基斯坦七國代表組成顧問委
員會，協助建立國際警察。

聯合國向英、法、以、埃四個作戰國多方運用，其
結果以色列願自埃及撤軍，並與國際部隊合作。英、法
軍則認為國際警察能有效履行其責任時，英、法軍即退
出中東。埃及申明外國軍不全撤回，埃及即不疏運河。

已有十七個國家表示願意提供軍隊到中東，擔任
國際警察任務，全數官兵約六千人，隨時還可增加。
此項軍警察都將在義大利那不勒斯集中，然後瑞士飛
機轉運埃及，十一月十四日可以開始運輸，這是史無前
例成功。

傳雙方及平民在塞德港一處戰鬥，死七千人，阻塞

蘇彝士運河，沉船廿艘，專家認為復航無期，或需半年
之後。警察部隊之功用，首先可將中東戰事暫時告一段
落，英國縱不會全面撤軍，可以免戴侵略帽子，運河或
者可以置于國際共管。華府方面認為警察出■可得點好
處：（1）西方國家可以再度團結；（2）可建立中東和
平基礎。

每日談　哀中東

　　整個中東局勢，在英法兩國宣佈停戰的一霎那間，
頓然改觀；本來是對民主世界最有利的情況，一下子就
變成了最不利的情況。現在我們所可以想到的結果是：
英法軍隊在聯合國警察部隊進駐以後即行撤退；而這
個警察部隊亦已與埃及成立協議，等到和平秩序恢復之
時，亦將迅速撤走，將運河港口交還埃及。可以說，西
方國家所祈求的運河國際共管的目的，都未能達到。
但，這又是否可算埃及的勝利呢？當然不是。在短短的
最近一周間，俄帝的「志願軍」已有三萬人進入中東，
在那裡準備建立空軍基地。埃及依靠俄國的虛聲恫嚇逼
退了英法，而俄帝勢力卻從此在那裡生根。由於中東國
家自身之開門揖盜，以及西方國家之荏弱無能，俄帝侵
略者竟是不費吹灰之力的控制了絕大部分的中東。天下
可哀之事，寧有甚於此者！
　　這一次美國在處理中東事件中所表示的立場與態
度，似頗為一部分人所欣賞。為美國自身計，那樣的政
策原則，可能是相當巧妙的，並且對艾森豪總統再度當
選，確有相當幫助。但如把美國的政策與英法的行動合

起來看，真是糟糕萬分。英法本來就已經沉不住氣，那裡還禁得住美國的扯腿。民主世界逢到如此重大的變局，偏偏要自己跟自己鬥氣，正為敵人製造機會，自屬當然之事。

美國原想以其「公正」的態度，來爭回一些中東國家對民主世界的好感，免得它完全投入俄帝懷抱。但事實是：第一步，美國既不能阻止英法的軍事行動；第二步，卻又不能阻止俄帝的軍事滲透。中東國家縱不仇視美國，卻也不會生出什麼感激之意。何況，俄國拿出來的是實力，而美國所拿得出來的，祇是聯合國的一些有氣無力的決議而已。在今日的世局下，聯合國的決議碰到了實力，還有什麼鬼用！美國的全盤政策，正好造成了一個隙縫，讓俄帝勢力乘虛而入。

局勢演變至此，似已找不出什麼有效的補救辦法，唯一可以試用的對策，祇有由聯合國再度通過決議，堅持俄帝「志願軍」之撤退。但是，這樣一個決議，恐怕也仍然是無人敢於執行；有決議而不能執行，亦屬徒然。圍棋已經下到接近「中押敗」的程度，恐怕連國手也是回生乏術了，我們祇好付諸一聲長歎！

11 月 13 日　星期二
【無記載】

11 月 14 日　星期三
一、上午十時參加中央第三一四次會議。聽取香港負責同志報告雙十節香港衝突情形，大意是：

（1）此次大紛亂為香港所少有。

（2）英國素稱香港安全已經失去。

（3）共匪在香港統戰破產。

（4）雙十行動係共愛國行動。

（5）此僑反共達最高峰。

（6）共匪對香港加以壓力。

（7）被警捕去僑胞及本黨同志約六千人，現在還
二千人未放。

（8）請求三事：甲、請中央對英交涉釋放被捕人
員；乙、在香港辦事人員須從新調整；丙、
救濟傷亡難胞。

二、討論總裁指示成立行政機構權責業務調整委員會，
決議在行政院內設立此委員。

11月15日　星期四

　　艾森豪當選連任總統第一次招待記者，宣佈聯合國
會員國有反對蘇俄干涉中東情勢之義務，同情匈牙利抗
暴之壯舉，相信俄各鄰邦均可領受教訓。蘇俄再度聲
言，派「志願軍」赴埃及。中共正策動「志願軍」赴中
東。駐蘇埃及大使表示派遣志願軍的正式請求，乞未交
俄國。美國認為俄派志願軍，無異挑動大戰。

11月16日　星期五

　　為歡迎由港來台同鄉鄒振華先生報告鄉情，于本日
下午三時，由我出名假鐵路飯店舉行茶會，並約國大代
表、立法委員、監察委員聯誼會同仁參加。據鄒云由大

陸逃難到香港困苦情形，吾人非常同情，決議發啟募捐
救濟。

11月17日　星期六

【無記載】

11月18日　星期日

一、國民大會廣西代表甘乃光先生于本年九月廿七日
　　病逝澳洲，本日上午假社會服務處舉行追悼，我
　　于九時前往致祭。甘先生曾任本黨中央執行委
　　員、駐澳洲大使，享壽六十歲。

二、吳南山弟今晨被某一個神精人用鐵錘擊傷頭部（頭
　　擊傷五處頭骨），我到陸軍總醫院慰問。據謝院
　　長瑞君（號叔薇）云，須過四十八小時方可脫險。

11月19日　星期一

一、中央政工幹部學校高級班第五班、初級班第五班
　　畢業典禮，與陽明山革命實踐研究院紀念週合並
　　舉行。總裁于上午十時親臨主持，並訓話，我們
　　參加觀禮，至十一時卅分散會。

二、今日是吳鐵臣先生逝是三週年，生前友好在國際
　　學舍舉行紀念儀式，我于上午前往致敬。

三、午後三時再到陸軍總醫院看吳南山弟傷勢。據云
　　昨日施行手術後，一切反應甚好，惟頭骨已去一
　　塊，未傷頭腦，若無其他變化，則可脫離危險。
　　南山此次被神精病人擊傷，真是禍從天降。

11月20日　星期二

惟仁老太太高血壓最近在一百七、八十之間，低在
七、八十之間，如能保此度數，當可漸入佳境。我的血
壓于十一月九日請朱仰高醫師診斷，高血壓一百二十，
低血壓六十五，囑用維他命司及多種維他命。十一月
十二量身重六十公斤。

11月21日　星期三

上午十時參加中央常務會議第三一六次會議，總裁
主席。討論「海外對匪鬥爭工作統一領導辦法草案」，
決議在本黨中央常會之下設立「海外工作統一指導委
員會」。

11月22日　星期四

上午十時到桃園晤蔣老太太，回答伊姪姚明良現在
第一銀行任襄理，老太太主張擬另換地方事。因目前該
行人員不是調動時期，而明良亦不願他調，只得暫緩。
再說他們姑姪之間感情很不佳，我只得從中說說方便。

11月23日　星期五

今日故友居覺生（正）先生五週年，他的其親屬在
善導寺家祭，我于下午三時半前往致敬。

11 月 24 日　星期六

致申叔函促其回台

申兒覽：

十一月十二日來函誦悉。兒在法既多苦痛，應亟早回台。春間曾先生去世後，兒來函說儘量提前回台，未見成行（或因入醫院之故）。不久以前又接來函說，鐵定的回來過年。老太太聞之非常歡喜，日夜盼望，究竟回來過陽曆年，或是過陰曆年，望即日來函，俾好粉刷你的住房，並辦入境手續。巴黎生活乃世界有名高貴，居大不易。我一生清廉自持，所以能保存高尚人格，其經濟情況，當然清苦，兒是知道的。父老矣，心力日衰，雖愛子情殷，其如力有未逮何。統希兒體諒老父，兒自求多福罷了。父對兒真情實意，盡在此函之中，務希詳讀。

父手啟　十一月廿四日午後

申叔近年心理太不正常，忽而樂觀，忽而悲觀，忽而自尊，忽而自卑。重感情，愛面孜，多幻想，多猜疑，都是身體多年生病，醫藥太多，影響身心，情殊可憫。為父者心實不安。

11 月 25 日　星期日

一、上午十時參加蕭吉珊先生追悼會。蕭先生係中央評議委員、國民大會代表，僑于泰國。于本年八月十二日訪問高棉僑胞，途次金邊，汽車失事，醫治罔效，于同月廿六日晨在金邊逝世。由我等友好發

啟追悼會。蕭先生廣東潮陽縣人，享壽六十有四
歲，有子女六人。

二、偕和純到陸軍總醫院看吳南山弟傷勢，已脫危
險。據南山云深感祖宗德厚，方可轉危為安。余
曰你父親文甫先生與你祖父都是忠厚待人，所以
有此良果。余又曰大難不死，必有後福。南山祖
父係淮軍統領，不好殺人，黎元洪（前總統）、李
純（軍閥時南京督軍）都出其門下。南山父親名
承忠，號文甫，滿清舉人，性情爽直，歡喜幫助
貧人。在民國初年，我與文甫先生同住上海法租
界仁元里，不時往來，情感甚好。我常與文甫先
生談命運，但文甫鼻梁露骨，恐于四十三歲有危
險，果于四十三歲去世，豈真天命哉。

11 月 26 日至 27 日　星期一至二
【無記載】

11 月 28 日　星期三
上午十時參加中央常務委員會第三一八次會議。討
論紀律委員會報告，關于高雄縣議員楊邦等十八同志，
于正副議長提名選舉中授受賄賂一案。此案曾經中央常
會決議「交紀律委員會嚴予議處」，復經紀律委員會決
議「予以開除黨籍，按紀律處分程序，自應仍交省黨部
本此原則決議執行。惟本案牽涉甚廣，不僅楊邦等十八
人，當時地方縣長、黨部主任委員，以及涉有其他同樣
嫌疑之其他議員，亦應查明議處。但處分決定書必須說

明事由，而事由又屬刑事，選舉訴訟時效雖以逾期，此
種公訴時效則尚未消滅，恐將牽及司法，乃至影響議會
之解散與重選，似不能不考慮及之。」並經紀律會報告
常會決議：「一、照中央紀律委員會議見，交台灣省黨
部從嚴議處；二、關于本黨選舉風氣之整飭問題，一併
交省黨部切實辦理。」嗣據省黨部依據多種理由，呈復
「分別予以停止黨權警告處分」，再經紀律委員會決議
「台灣省黨部對楊邦等選舉授受賄賂一案所為之黨紀處
分，殊不免議輕。惟核其理由，尚屬衡量利弊得失而後
決定者，應否准如所擬之處，仍請常會核示。」當討論
此案時，余說明本案經過時間很久，就黨紀言應該開除
黨籍，但在政治方面尚須考慮。又經省黨部主任委員說
明從輕處分理由。但常務委員中仍主張嚴辦，決議「維
持原決議，予以嚴辦」。台灣自實施民主，推行選舉制
度，笑話百出，而地方派系糾紛，所在皆是。就以高雄
一縣而論，即有鳳山、岡山、歧山三個地方派系鬥爭，
此次楊邦等選舉案，亦就是三山之作祟。自台灣推行選
舉，中央指導欠週亦是事實，應負相當責任。

11 月 29 日　星期四

一、韓楚箋介紹省黨部紀律委員林仁和來見，林擬競
　　選高雄世長。
二、張宗良兄約我晚餐，有黃少谷、周昆田等多人在
　　座，我先退。

台灣吳氏宗祠落成

　　台灣吳氏宗祠落成與奉安祖宗神位典禮，以及秋祭大典，于本日上午舉行儀式，推我主祭。儀式隆重，盛況空前。祭後余致詞，其大意如下，首先說宗祠基礎鞏固，規模宏大，不僅象徵吾族的興旺，亦係象徵國族的昌隆。當開始建築時，賴各位宗賢的出錢、出力乃告完成，尤以三連宗兄主持其事，悉心籌劃，出力最多，首先表示感佩之意。其次將吳氏起源，于泰伯與弟仲雍出走荊蠻，自號勾吳，後世遂以為姓，當時為周代初年，迄今已有三千年歷史，班班可考。再其次分兩方面說明，第一關于人文者，吳氏歷代人文很盛，特舉泰伯與延陵兩位祖先加以說明。第二關于地理者，吳氏開國造自泰伯，在今之江蘇吳錫縣，由于吳國是古國，遺留若干勝蹟，例如季札掛劍處在徐君附近，季子墓在江陰縣（余曾拜謁）。結論宗族是家族國族中堅，國父孫先生當年號召革命，曾強調民族之形成，是由家族到宗族，再由宗族到國族，就是這個道理。此時此地，我們聯合宗親，講讓修睦，增進族誼，與國父遺教若相符合。今後希大家一德一心，協助政府，積極建設台灣，進而反攻大陸云云。

　　各宗親替我在宗祠供長生牌，余強調無功不能受祿，堅辭未准，殊深慚感。

　　「吳氏宗祠」大橫匾，係由余名義敬題者。又敬贈對聯，其文曰：

講讓溯家風，祖武繼繩，泰伯延陵昭至德；
聯宗敦族誼，椒聊蕃衍，濮陽渤海匯洪源。

11月30日　星期五

一、午後三時主持紀律委員會第五十二次會議。張副主
　　任報告奉命調查黨史會保管黨史情形，認為須加
　　整理之處尚多。

二、上海銀行副董事長朱如堂兄到此將兩月，尚未敘
　　談。今午在狀元樓聚餐，藉此談談上海銀行一般
　　情形。

三、本日請黨部醫務室醫生量血壓，高血壓一百三十，
　　低血壓六十八，與一個月前醫務室所量者不相上下。

12月1日　星期六

　　下午五時至張岳軍兄公館出席小組會議，聽取中央第六組徐副主任晴嵐作反共會議專題報告。後因時間不夠，下次小組會討論。

12月2日　星期日

一、上午十時到陸軍總醫院看吳南山弟傷勢，較前更有進步，不但脫離危險，再休息一、二星期即可出院。此乃不幸中之大幸也，並酌送調養費。

二、中山堂看梁鼎銘先生畫展。梁氏善于畫馬及人物。

三、博物院參觀全省美術展覽。

四、共匪在香港、澳門邊境增兵，香港空氣緊張，物價飛漲，機、船票預定到明春。英國政府最近幾年來對香港有兩個主張，就是英國殖民部主張香港自治，英外交部則主張維持現狀的。就我意見，港、澳是中國領土、中國人民，早應歸還中華民國。

12月3日　星期一

一、上午九時到中山堂出席十二月份總理聯合紀念週，僑務委員會鄭委員長彥棻報告僑務概況。今年十月回國僑團一百零六個單位，人數二千八百五十，這是歷年來最多一次。

二、美國眾議院民主黨領袖支持英、法決策，「如英、法輕易自埃及撤兵，將增加大戰危機」。

三、近東局勢突趨緊張，俄重兵集結保加利亞，土爾

其首當其衝，受嚴重威脅。

12 月 4 日　星期二

一、上午十時參加總統府十二月份國父紀念月會。

二、蔣總統大公子經國午後來見，並贈為其父七十華
誕祝壽「我的父親」一書，其內容甚為豐富，余俟
暇時當詳細閱讀。並藉此與經國順便談談時事，
大要如後。

甲、經國問近來看見孫立人沒有。答曰沒有。他
說孫立人曾到日月潭去過一次，黃總司令亦
去看過他。我曰孫立人歡喜亂說話，是其失
敗因素。經國說被人利用。

乙、談國際形勢，我說蘇俄政治、經濟都已失敗
了，最後對匈牙利事件，只有用兵力鎮壓。
經國曰這是他不得已辦法。

丙、談到大陸共匪，他野心很大，不但想領導亞
洲，甚至想領導世界。我們台灣是有主義、
有組織、有領袖，共匪認為是他眼中釘，是
他唯一敵人，用盡方法以求解決。更加英、
印等國家，以台灣是妨礙亞洲和平的，時時
想犧牲台灣，見好共匪，希圖苟安于一時，
這是與我不利的。共匪為什麼不敢離開蘇
俄，就是共匪重工業未能完成，其飛機、大
砲、原子等等武器，必須仰賴于蘇聯。經國
曰這是很對的。

丁、經國問忙不忙。我說每日上午到黨部辦公，

有張壽賢同志負責幫忙，壽賢非常有經驗，有能力。經國曰紀律委員會案件很多。我說有四十多萬黨員，案件不能算多。經曰軍人案件較多。我說軍隊情形特殊，他們送來案件，只要與違反黨紀處分規程說得過去，紀律委員會會議即予以通過。

戊、余告經國，現在一切政務就是推不動，如算盤珠一樣，總裁動一下，他們動一下。目前總裁就是推動，他們也可不動。

附記：我與孫立人係同鄉，我應該常常去看看他。聞他住在台中，有人監視他。又聞他現在經濟困難，我看他沒有接濟他，所以不願去看他。

12月5日　星期三

一、上午十時參加中央委員會常務會議第三二〇次會議。

二、午後五時參加裕台董事會議。

三、金幼洲兄本月二十日七十大慶，準備慶祝，想收若干禮款以維生活。特與幼洲見面，告以應求實際，不尚虛榮。我雖向不做壽，但對人家做壽絕不反對，甚至贊成人家做壽。幼洲想藉做壽籌款買一個住宅。據一般朋友說須台幣八萬元，以現在公教人員以及安徽同鄉的清苦，如欲籌得此數，恐相當吃力。何況壽堂等等設備尚需一筆開支。俞克裕主辦，亦感維難。

12 月 6 日　星期四
日本首相鳩山發表荒謬言論

　　鳩山在三日告知日本國會謂：「彼已為兩個敵對中國進行調解，且彼已派遣信使前往北平及台灣，表達日本亟願促成兩個中國間共存，而避免衝突之強烈願望。」鳩山又在參院外委會答社會黨議員問說：「渠深欲與毛匪建交，惟以中華民國存在障礙，為消除此障礙，渠已非正式向蔣總統及周匪恩來建議舉行國是談判。」

　　鳩山昏庸幼稚，可笑之至，指中華民國為日本之障礙，是我們大恥辱。

　　我外交部發言人鄭重聲明稱：「任何與中華民國維持友好關係之外國負責首長，如果竟發表毫無根據之談話，實屬不可思議之事。」

　　世界冷戰既至高潮，乃有英、法、以與埃及戰事，東歐附庸有匈牙利大暴動。因美、蘇都無發動第三次大戰決心，故中東、東歐紛亂將日漸趨于平靜，當然繼續冷戰。

　　現在日蘇已復邦交，日本可能進入聯合國，日本亦可能與中共建立外交關係。我們未來國際關係困難所在皆是。

12 月 7 日　星期五

　　陳光甫兄女公子日前來台，本日上午九時飛返香港，我到機場送行。

12月8日　星期六

一、回看阮毅成先生，他原來負中央日報發行責任，
　　現任台灣企業公司總經理。據阮云該公司係新成
　　立，辦理前農林公司歸民營後多餘大小公司卅餘
　　單位，多是破敗不堪，負債甚多。

二、庸叔兒來信，很識大體。特囑光叔去函轉述余意
　　如下：「自離家以後，一切都在進步，望在進步中
　　更進步。建設國家須要大批專門人才，尤須要理
　　工人才，來函所云一切靠自己，非常準確的。」

三、本日請朱仰高檢查血壓，高的一百廿，低的七十，
　　認為身體較前更為康健。本日中午再注射「蓋世維
　　雄」，上次係九月廿一注射的。

12月9日　星期日

　　台灣省各縣市長將改選，活動黨的提名所在皆是。
有林士賢、林仁和、蔡炳煌三位同志，與我素不認識，
託王介艇等介紹分別來見，請我向中央說話。我在中央
不參加提名小組會議的，擬將他三位同志轉告主辦小組
同志以資參考。仁和擬競選高雄市長，蔡炳煌擬競基隆
市長，林士賢擬競選台南縣長。

12月10日　星期一

　　上午到實踐堂出席總理紀念週。陶希聖先生報告
「東歐革命之分析」，他首先說，蘇維埃俄羅斯的建設
者列寧，在其所著「國家與革命」中說過：「凡是有壓
迫地方，就必有暴力，而不會有自由和民主，這是很明

白的。」蘇俄征服了東歐各國，加以殘酷剝削和壓迫，其結果就是東歐民族和民主革命的發生和蔓延，這也是很明白的。陶氏報告一小時之久，分析東歐形勢，共黨暴虐統治終久宣告崩潰。

12 月 11 日　星期二

白建生訪余，適余外出未晤。嗣又來電話約晤，我特于昨午後四時拜訪。據建生云，接香港天文台報社主辦人陳孝威（白的舊部）來函稱，前歲在香港上海商業儲蓄銀行透支港幣一萬元，去臘屆期，通融延展。現又屆歲杪，為日無多，擬再延展一年，自可母子歸楚，請建生轉請葉公超代向陳光甫兄進言。建生不擬託公超，因知我與光甫交情較厚，託我向光甫兄代進一言。我允照辦，特于今日（十一）請沈維經將此意轉達光甫先生。

12 月 12 日　星期三

上午十時參加中央常務委第三二二次會議。行政院報告當前財政情形，大意是：「四十五年度財政預算，自七月至十一月支出虧空五億元，雖設法彌補，尚不敷一億四千多萬。而物價日漸上漲，軍公教待遇亟須調整，財經前途實堪憂慮」云云。我們在大陸失敗主要因素就是財經，現在台灣雖極安定，而財經尚且如此。倘發生軍事問題，不知滾滾諸公作何打算。

12月13日　星期四

一、聯合國大會通過二十國譴責蘇俄對匈牙利暴行案，
　　表決結果為五十五票對八票，十三票棄權。並宣佈
　　俄國武力侵犯匈政治獨立，促其立即停止干涉匈國
　　內政，撤退侵匈軍隊。授權聯合國秘書長採取有
　　助解決匈牙利問題之措施。

二、匈牙利傀儡政府卡達爾政權，解散總工會，誘捕
　　勞工領袖，全國工人繼續罷工。匈人流血抗暴，
　　如火如荼。

三、美國國務卿杜納斯出席巴黎北大西洋公約組織會
　　議聲明：「如果中共攻擊台灣，美國將立即採取軍
　　事行動，保衛中華民國，而不與北大西洋公約國
　　先行磋商。」此項聲明對台灣防務當然加強，在
　　堂堂中華民國須要美國保衛，在國格上、精神上
　　受到莫大損失，也就是莫大恥辱。

四、日本既與蘇俄恢復外交關係，現又經聯合國合安
　　全理事會通過日本加入聯合國（去年蘇聯反對日本
　　入聯合國，今年則贊成），因此蘇聯將對日本施
　　用壓力與中共建立外交關係。果爾，這是與我們
　　最大不利。

12月14日　星期五

　　故友革命先烈邵元冲先生逝世二十週年紀念日，由
于右任先生及我等發啟，于十五日午後三時在實踐堂舉
行紀念儀式，並在紀念場中陳列遺墨及遺像二十餘幀。
邵氏係有名西安雙十二事變中之殉國者。

12 月 15 日　星期六

一、廣東宿將梁鴻楷先生于十二月十一日病逝，本日
上午在極樂殯館大殮，余偕張壽賢兄前往致祭。
余係于民國七年在汕頭認識，並同時統兵進攻福
建。梁氏享壽七十歲。

二、下午五時出席小組會議，地點王世杰先生公館。
討論召開反共救國會議，我認為是否有召開必
要，如要召開，說後即開，萬不可說而不開，反
失信用。

三、申叔自十一月十二日來信，我于十一月廿四日復
信，迄今未得他來信。不知他究竟準備何時返
台，其心理不正常更可見一般了。

12 月 16 日至 18 日　星期日至二

【無記載】

12 月 19 日　星期三

上午十時參加中央常務委員會第三二四次會議，總
裁主席。鄧副秘書長報告此次我國參加澳大利亞十八屆
世界運動會經情形。又第六組張主任炎元報告最近匪
情。據張云周恩來此次在印度、高棉先後發表，與國民
黨過去有兩次合作，亦可有第三次合作，台灣是中國
人，應求和平解放。又說到國父孫中山先生三民主義等
等。共匪向來說假話，我們上了多次騙，這是他的策
略。我們要自身求政治、經濟之安定，必須澈底檢討政
治、經濟。

12月20日　星期四

一、惟仁老太太近一、二日精神不佳而心跳，本日上午
　　請朱仰高診治。高血壓一百八十，低血壓八十，比
　　即打針、服藥水。

二、今日係合肥同鄉、又係老同志金維繫（幼舟）兄
　　七十大慶，在靜心樂園設壽堂。我于上午前往慶
　　賀，昨晚並到金府暖壽。

12月21日　星期五

　　【無記載】

12月22日　星期六

一、惟仁老太太今日上午精神更不好，頭暈眼花。午
　　後請吳醫生用古法金針治療，係由麗安、和純陪
　　同前往者。

二、教育部次長高信的太夫人在原籍病故，今上午在
　　善導寺開弔，我偕壽賢兄往弔。

12月23日　星期日

　　光復大陸設計研究委員會向例于十二月二十三、四
日開會兩日，其中委員極大多數是國民大會代表。我于
本日上午九時到中山堂，出席第三次全體委會議開會儀
式，一千七百四十五位委員均自台灣各縣市趕抵出席
（一個研究會有如此多的人，世所少有）。由兼主席陳
副總統主持開幕，並致開幕詞，都是老生常談的話（我
們政府終日開會演說，好話都已說完了，任何人都難想

出一套好聽話了）。開幕式歷一小時結束，休息十分。
接開第一次會議，聽取台中、台南兩個分區主任陳泮
嶺、羅卓英工作報告。下午三時續開第二次會議。

12 月 24 日　星期一

一、上午九時出席設計研究委員會第三次會議，聽取
　　國防報告。因參謀總長生病，改由國防部馬副部
　　長紀壯報告。指出三軍已有顯著進步，國防力量
　　正在加強，並說明國軍重大措施對于修訂作戰計
　　劃，完成作戰準備，增加外島防務，改進人事制
　　度，儲訓後備人員等項說明。報告歷時八十分鐘
　　始完成。

二、國防報告後，由匪情專家張炎元報告共匪實施俄
　　化大陸政策，我同胞爭生存紛起抗暴。並指出共
　　匪在此過渡期所執行的政治路線，即總路線，亦
　　稱總任務，是第一實行「社會主義工業化」，第二
　　實行對「私營工商業的社會主義改造」，第三實行
　　對「農民手工業的社會主義改造」。張氏認為共匪
　　強迫農民入社，普遍浪費鋪張，農民不滿反抗與
　　無法生存狀況，及沒收私營工業，及私營商業，
　　及民不堪命的情形，報告至詳。

三、午後三時出席設計委員會第四次會。聽取外交部
　　沈次長昌煥外交報告，很有內容，全場多次鼓
　　掌。如我國在聯合國中工作情形，一年來中美關
　　係之進展，一年來與友邦國家人士相互訪情形，
　　充實外交陣容，外交人員內外互調，以及吸收培

養外交人才的等措施。沈次長說過去一年是國際
變化最多一年，其中最要發展是在鐵幕國家普遍
發生不安現象。東歐蘇俄附庸國家更發生反共抗
暴壯烈行動，尤其是匈牙利的抗暴更震動了世
界，不但是蘇俄的附庸國家，就是連蘇俄本身也
受到影響。蘇俄學生與工人都對蘇俄政權表示不
滿，這是在過去所沒有現象。

四、設計委員會議兩天，于第四次會後，廿四日下午
六時半圓滿閉幕。陳兼主任致閉幕詞，大意是反
攻復國時機日趨成熟，我需發揮總體力量，催毀
暴政，重建樂園，並勉以繼續貢獻智慧。

12月25日　星期二
國民大會代表舉行年會

一、這是每年此日舉行例會一次。此次出席四十五度
年會，計到我等代表一千五百餘人，于上午九時
在中山堂舉行開幕典禮。公推梅貽琦代表擔任主
席，並致詞。他強調大陸同胞抗暴，猶如核子爆
炸，聯鎖反抗，如火燎原。嗣又請陳副總統致詞
後，休息十分鐘，開預備會議，聽取俞行政院長
報告施政。至十一時半散會。

二、下午繼續開會時，由谷正剛主席。全體代表起立
為反共抗俄陣亡將士及死難同胞暨故代表同人默
哀一分鐘，然後討論提案。在大會進行中，曾接
受最近來台灣的四十五名反共義士致敬，全場代
表表示熱烈歡迎。同時各義士一見國民大會代

表，如見親人，令人感動。大會于午後六時圓滿
閉幕。

三、國大代表在中山堂舉行平劇晚會，我偕麗安前往
觀劇。

12 月 26 日　星期三

惟仁老太太因血壓過高，頗感不適，再朱醫診治，
注射與吃藥雙管齊下。其今日血壓高一百八十，低
七十。總之老太太心臟向來衰弱，近年更甚。老年如
此，令人擔心。

12 月 27 日　星期四

【無記載】

12 月 28 日　星期五

一、下午三時主持紀律委員第五十三次會議。

二、時屆年終，紀律委員會于下午五時，假青島東路
「婦女之家」舉行各省級紀律委員會黨紀座談會。
本會委員及工作同都參加，我任主席。聽取各委
員發表意見，分別張副主任作口頭答復。其未能
口頭答復者，由本會研究後作書面答復。會後即
在婦女之家聚餐。結果均即圓滿，至午後七時半
散會。

三、監察委員張維翰（莼歐）本月卅日七十大慶，我
于今日清晨九時到新店張府預祝，並送壽聯、食
物，聊表賀意。張氏係雲南負有文名者，與余素

　　有交誼。

四、廿八日上午黨部醫務室量我血壓，高一百二十二，
　　低六十五。每一個月黨部醫務室量血壓一次，但朱
　　仰高醫師所量血壓往往較黨部所量血壓稍高，這
　　是血壓表稍有出入之故也。

12 月 29 日　星期六

　　下午五時到永康街徐次辰公館出席小組會。

12 月 30 日　星期日

　　【無記載】

12 月 31 日　星期一

　　今日係四十五年除夕日，在公在私可以說都無進
步。私人方面幾件事記于後。

一、庸叔兒于二月四日赴美留學，雖用盡九牛二虎氣
　　力，能以得到成功，聊以自慰的，但辦理出國手
　　續與考試等真夠麻煩了。

二、曾伯雄老弟突于二月廿八日患腦溢血逝世，他是
　　我個人對內、對外重要人物，今忽去世，如失左
　　右手，是我最大不幸的事。

三、惟仁老太太患血壓過高心臟衰弱症，整年在患病之
　　中。春間病勢很危險，幸經朱仰高醫師診治適宜，
　　得以轉穩一時。惟乏人照料，需我個人負責。

四、我身體雖較昨年稍好，心力日漸不強，而記憶力
　　一年不如一年。

五、生活日高，兩處家用籌措之不易。兒子們不但不
　　能幫助，且要拖累我的。

六、申叔本年忽然說要返國，忽然又說作畫。最近兩
　　個多月不來家信，究近幹什麼。我本年先後致申
　　叔十封親筆信，真是情至意盡。此十封信大意均
　　在此冊日記中。

民國日記 79

吳忠信日記（1956）
The Diaries of Wu Chung-hsin, 1956

原　　　著	吳忠信	
主　　　編	王文隆	
總 編 輯	陳新林、呂芳上	
執行編輯	李佳若	
封面設計	陳新林	
排　　　版	溫心忻	

出　　　版　　開源書局出版有限公司

香港金鐘夏慤道 18 號海富中心
1 座 26 樓 06 室
TEL：+852-35860995

民國歷史文化學社 有限公司

10646 台北市大安區羅斯福路三段
37 號 7 樓之 1
TEL：+886-2-2369-6912
FAX：+886-2-2369-6990

初版一刷　2021 年 8 月 31 日
定　　　價　新台幣 350 元
　　　　　　港　幣 95 元
　　　　　　美　元 13 元
I S B N　978-626-7036-14-3
印　　　刷　長達印刷有限公司
　　　　　　台北市西園路二段 50 巷 4 弄 21 號
　　　　　　TEL：+886-2-2304-0488

http://www.rchcs.com.tw

國家圖書館出版品預行編目 (CIP) 資料

吳忠信日記 (1956) = The diaries of Wu Chung-
hsin, 1956/ 吳忠信原著；王文隆主編 . -- 初版 . --
臺北市：民國歷史文化學社有限公司 , 2021.08

　面；　公分 . -- (民國日記 ; 79)

ISBN 978-626-7036-14-3　（平裝）

1. 吳忠信　2. 傳記

782.887　　　　　　　　　　　　110013466